国家出版基金项目
NATIONAL PUBLICATION FOUNDATION

近代散佚戲曲文獻集成·戲曲史料編

27

總主編　黃天驥

皖優譜

天柱外史　著

山西人民出版社
三晉出版社

圖書在版編目(CIP)數據

皖優譜 / 天柱外史著. —太原：山西人民出版社，2018.3
(近代散佚戲曲文獻集成 / 黃天驥主編)
ISBN 978-7-203-10198-7

Ⅰ.①皖… Ⅱ.①天… Ⅲ.①戲曲演員－列傳－安徽 Ⅳ.①K825.78

中國版本圖書館CIP數據核字(2018)第018519號

皖優譜

主　　編　黃天驥
著　　者　天柱外史
責任編輯　張志杰
復　　審　劉小玲
終　　審　張文穎
裝幀設計　謝　成

出 版 者　山西出版傳媒集團·山西人民出版社　三晉出版社
地　　址　太原市建設南路21號
郵　　編　030012
發行營銷　0351－4922220　4955996　4956039
　　　　　0351－4922127(傳真)
天貓官網　http://sxrmcbs.tmall.com　0351－4922159(電話)
E－mail　sxskcb@163.com　發行部
　　　　　sxskcb@126.com　總編室
網　　址　www.sxskcb.com

經 銷 者　山西出版傳媒集團·山西人民出版社
承 印 廠　山西出版傳媒集團·山西新華印業有限公司

開　　本　787mm×1092mm　1/16
印　　張　13
字　　數　63千字
版　　次　2018年3月　第1版
印　　次　2018年3月　第1次印刷
書　　號　ISBN 978-7-203-10198-7
定　　價　68.00圓

出版説明 /

一、近代散佚戲曲文獻集成鈎沉、梳理、選取十九世紀末到二十世紀中葉，散佚而獨具特色、頗具研究價值的戲曲文獻進行整理出版，以填補學術界在近代戲曲史史料方面的缺失。

二、叢書主要採取影印的方式整理出版，爲便於學界研究之需要，以忠實於原稿爲宗旨，對排版方式、原書内容的缺損、錯譌等均不做修復，在不影響内容的情況下僅對頁面的污損做了處理。

三、叢書作爲影印文獻，序言、附注、插頁皆予以保留，最大限度地保持原本原貌：單黑印刷的保持單黑色，彩色印刷的以原來的色彩進行印刷。

四、叢書分爲「理論研究編」「戲曲史料編」「名家文獻編」「曲譜和唱本編」四大編七十册。

五、「理論研究編」主要選取了近代重要的戲曲研究名家絶版多年的重要著作。其中，或有部分重要經典著作後期有再版，如王國維先生的宋元戲曲考，我們選擇早期稀見之「正音學會校本」版，原貌出版。

六、「戲曲史料編」則對史材、檔案、傳記等史料進行了整理。「名家文獻編」對著名戲曲表演藝術家的文獻進行了集中整理，包括海外版史料、報紙雜誌或期刊的專刊、各種個人專集等。這些史料或散於海外、或沉於故紙堆，因極富時代特色且具有原真性，又長期遊離於主流學術研究視野之外，因而其研究價值較爲突出。爲保持文獻原真性，對於期刊圖書廣告頁予以保留。

七、「曲譜和唱本編」主要對戲曲的曲譜和唱本進行了整理。曲譜和唱本是戲曲藝術傳承、演變、發展的主要載體之一，近代的曲譜和唱本很多是當時演出的戲本，故不少史料具有民間性，對於戲目發展的原生狀態具有很高的研究價值，如小唱本，因非常零散，多年來幾乎未見整理出版。

八、因叢書主要採用影印的方式，故海外出版的外文版未進行翻譯，維持海外原版之狀態，適合較高層次的讀者閱讀、研究。

九、叢書中，因原版的零散或者底本的其他狀況不便於影印的戲曲藝術散論叢編採取了重新錄入的方式進行排版，由本項目組進行了點校、審讀。

十、對於篇幅較小的原本書目，叢書進行了合編出版；對於合編册數爲兩册的，保持了原始書名；對於合編册數爲三册以上的，則按整理的類别，重新編訂書名。

十一、所選版本的頁碼標註，在保持原始頁碼的同時，重新編排了新頁碼；對於兩册以上合册出版的書目，做了目録，便於讀者查找閱讀。

十二、爲保證叢書體例一致，序言、出版説明、版權頁等附文，皆採用了中文繁體編排。

鑒於編者水平有限，有不當之處，敬請方家指正，又因出版時間所限，定有諸多不足之處，亦請廣大讀者海涵。

總序一

黃天驥

戲曲，是我國在世界藝壇上獨樹一幟的綜合性藝術。如果從金元時期戲曲趨於成熟的階段算起，歷經明清兩代，到晚清民國時期，它已經走過了近七百年的道路，發揮過重大的社會影響。

戲曲，包括雜劇、傳奇乃至花部小戲等體裁，在不同的歷史時期，其內容、形式，不斷地變化融合，也經歷過好幾個不同的發展階段。進入晚清民國時期，隨着我國歷史和社會出現翻天覆地的變化，戲曲進入了非常獨特的歷史時期。對於中國文化和研究中國戲曲史而言，這是具有特別意義並且非常值得注意的歷史時期。

我國戲曲，元代以雜劇爲主流，明清兩代，劇壇以傳奇爲主，也兼演雜劇。但到了清代乾隆年間，朝廷經常在爲皇帝、皇太后祝壽的全國性節日，引進各種地方戲班，進入北京會演。以此爲契機，徽班以其精彩的表演和它易於爲群衆接受的特質，在京城落地生根，影響日益擴大。它融合了其他唱腔，形成了後來被稱爲「京劇」的新劇種。這時候，各處的地方戲，風起雲湧。至於曾在舞臺上流行的雜劇、傳奇，即使在某些方面結合時代的潮流，有所革新，但終究敵不過以徽班爲代表的清新、活躍、更接地氣的地方戲。愈到後來，屬於「雅部」的雜劇、傳奇，漸漸無人問津，走向衰落。從此，「花部」終於戰勝了「雅部」，中國的劇壇，經歷了一次重大的變化。

從晚清到民國，隨着政治經濟的變革，西方各種思潮包括文藝思潮，也陸續湧入古老的天朝。我國戲曲領域，與中國人民反帝反封建的鬥爭相聯繫，與資産階級政治運動相適應，也出現了深刻的改良活動。以京劇爲例，劇壇上呈現出與元明清三代不同的面貌和特點。

從金元以至明清，我國戲曲經過長期的創造、沉澱，在劇本創作上，特别在唱、做、念、打等表演技巧方面，都在不斷地完善。乾嘉以來，商業興旺，中心城市如北京、上海一帶，市場繁榮，觀衆日多，審美要求也日益提高。加以宫廷的大力提倡，各個地方戲種有了交流借鑒、互相影響、共同提高的機會。以京劇爲代表的「花部」，特别在表演藝術方面，日臻成熟，達到了中國戲曲史上的高峰。那時候，戲班衆多，名角迭出。咸豐、道光年間，京師出現以演老生見長的程長庚、余三勝、張二奎。這三傑，被稱爲「三鼎甲」。後來又出現譚鑫培、汪桂芬、孫菊仙三位傑出的老生演員，被稱爲「後三鼎甲」。他們的做派唱工，或如黄鐘大吕，慷慨沉雄；或如雁嘯長空，悲涼蒼勁。他們風格各異，而其共同之點：品行端正，敬業不懈，嚴肅地對待藝術創造。因此，他們被藝術界公認爲偶像，也受到廣大觀衆的尊敬。

到民國初年，觀衆喜愛老生的熱忱，逐漸轉换爲對旦角的追捧。當時京劇湧現出四大男旦。梅蘭芳以俊美的容姿，唱、做、念、打已達爐火純青的表演技藝，讓觀衆如癡如醉。程硯秋擅演悲劇，以青衣應工，幽韻哀情，如泣如訴，唱到劇中的悽楚之處，讓觀者感同身受。荀慧生則表情多變，做派風流活潑，有第一花旦的美譽。尚小雲嗓音圓亮高朗，在串演女性角色中透露着英勃之氣，他尤擅演刀馬旦，在旦角中自成一派。那時候，「梅、程、荀、尚」，紅透了中國劇壇。

可以説，清末民初，是中國戲曲發展的高潮時期，尤其是在表演技巧方面，更是發展到藝術的頂峰。這一點，和戲曲在繼承傳統的基礎上，在新舊交替的時代，審美觀念出現變化，演員們在劇本内容和演技方面，爲適應社會的需要，積極地醞釀有所變化、有所革新有關。當舊的政治體制被推翻，崇尚個性的潮流湧入劇壇，「四大名旦」們，也就不斷刷新劇目，即使演出傳統舊劇，也注意作適當的改造，注意程式的創新，甚至懂得追求人物形象的個性化。於是，整個清末和民國的劇壇，出現了讓人耳目一新的局面。

在這階段，藝壇上有一個現象，很值得我們注意，這就是圍遶着名角，出現了一批在文學上或在藝術上很有造詣的追隨者。他們不是戲迷或跟班，而是對名角有着很大影響力的藝術顧問或參謀，在戲班中，他們在很大程度上起着導演、編劇兼評論家的作用。像齊如山、羅癭公、陳墨香等人，他們文化根基深厚，社會經驗豐富，對新思潮有所瞭解。他們的加入，對清末民初戲曲走向高潮，產生了積極的作用。

由於有一批高水平的文化人，經常與名角們長期深入地接觸，瞭解名角們的生活，熟識演員們藝術創造的過程，也和當時的優伶界一起沉浮。他們用文字把舞臺上下種種見聞記錄下來，從不同的角度描述當時劇壇發展的足跡，這就給後人研究清末民初的劇壇，留下了極有價值的文獻。本叢書的「戲曲史料編」，便是力圖完整地搜集這一時期劇壇有關史料，方便研究者對當時劇壇有詳盡的認識，也爲人們進一步深入研究提供線索。

進入清中葉以後，我國戲曲表演，實際上已推行「演員中心制」，無論是京滬劇壇乃至各處地方戲，從戲班體制乃至舞臺演出，均以演員爲中心。越到清末民初，名角的作用越是壓倒一切。這樣的現象，在我國戲曲史上並不多見，也可以視爲戲曲表演發展到最高階段所呈現的獨特面貌。

由於演員表演的成就成了這一時期戲曲發展的標識，爲此，本叢書編選「名家文獻編」，輯錄了梅蘭芳、譚鑫培、周信芳等十一位藝術大師的文獻，其中包括演出報告、影集、雜誌、臨時特刊等文獻，以及社會各界對他們的述評和研究文章等等。通過此編，讀者既可以認識、學習一個個名角各自的表演特色、各自的藝術成就，也可以從總體上，綜合觀察這一歷史時期戲曲發展的趨向。

這套叢書，還列有「理論研究編」。

本來，從金元時代開始，戲曲已趨成熟，成爲人民大衆喜聞樂見的藝術形式，許多文人雅士，也參與到劇本的創作中，寫出了不少膾炙人口的名劇，被視爲「驅梨園領袖，總編修師首，捻雜劇班頭」的關漢卿，甚至還粉墨登場。但是，在戲曲理論方面，卻鮮有人認真思考。除了明末清初的李笠翁，寫了閒情偶寄，算是比較全面地總結戲曲劇本的創作和表演經驗的規律以外，幾百年來，即使是關心戲曲的名家，也祇作些蜻蜓點水式的評點，或者在書信中和朋友們發表些零星的想法，至多是在劇本的序跋中，涉及對劇本創作的思考。可以說，從古以來，我們傳統長於形象思維卻疏於邏輯思維的慣性，使古代戲劇家對戲曲缺乏系統性、學理性和歷史性的思考。

近代以來，國運日衰。隨着西方列强在軍事、經濟、文化方面的進入，我國不少精英人物，不得不考慮國家向何處去的問題。思想界和學術界的許多學者，往往在不同程度上，和西方學術有所接觸，直接或間接受到西方文化的影響，思維方式也有所改變。同時，他們也看到，與城市商業繁榮的局面相聯繫，包括戲曲在內的通俗文化，日益受到廣大群衆的歡迎，特別是戲曲的表演藝術突飛猛進，其影響甚至超出了國門。這種種因素，讓許多有識之士，再不把戲曲視爲不登大雅之堂的「小道」。這一來，戲曲理論的研究，逐漸爲學術界人士所關注。從王國維開始，學者們已把戲曲研究作爲一門專業性的學問。進入二十世紀的四五十年代，戲曲理論研究更成爲顯學。

當然，在清末民初，戲曲理論研究剛剛起步，但也取得了令人矚目的成果。後來，在抗日戰爭期間，在烽火連天、顛沛流離的日子裏，有些學者還孜孜不倦地進行戲曲研究，努力從理論上探索中華民族文化瑰寶的奥妙。有些學者追根溯源，探索戲曲發生發展的過程；有些則研究戲曲在不同時代的表現和特點，或者研究我國戲曲的形態；有人廣泛搜集和考索劇本劇目；有人致力於曲韻的研究；有人還注意對地方戲的論述，等等。可以說，清末以及民國時期的戲曲理論研究者，完全打破了傳統曲學評點餖飣支離破碎的方式，他們從不同角度，對戲曲藝術作系統性的研究，邁出了新的一步。即使有些地方，還待深入探討，但已爲後來的研究者打下了基礎。「篳路藍縷，以啟山林」，在我國戲曲研究學術史上，這一時期的學者功不可沒。其中，有些論著，具有經典性，直到今天，依然是戲曲理論研究者必讀的文獻。爲此，本叢書設置「理論研究編」，努力搜集讀者不易看到甚至已經絕版的論著，意在既保存珍稀資料，又爲學者們開展對這一階段劇壇的研究，提供更全面的幫助。

經過多年的努力，近代散佚戲曲文獻集成叢書終於面世。這套叢書的出版，填補了近代戲曲學術史的空白，對推進今天戲曲創作、表演和理論研究，也很有價值。特推介，是爲序。

二〇一五年六月十二日於中山大學中文堂

「戲曲史料編」序

陳志勇

我國戲曲已走過七八百年的歷史，給後世留下了豐富的史料文獻。一代代戲曲史研究者爬梳鈎稽，描繪出一條明晰的歷史發展軌跡。

元代有八十七年不開科取士，讀書人失去進身之階，重啓科考後，即便中式也只能沉鬱下僚，難以一展經國治世之志，他們將自己的聰明才智和複雜情緒一起投入雜劇創作中，促進了元雜劇的繁榮；但由於受制於客觀條件，元代的戲曲史料存世較少。南方的戲文，情況也好不到哪裏去。早期的南戲，「宋人詞益以里巷歌謡」，鄙俚淫逸，難以博得上層文人的關注和參與，儘管生活在社會底層的書會才人競相創作，但能留存下來的劇本信息和文獻記載也是吉光片羽。近代以來，一大批前輩學人如顧隨、趙景深、鄭振鐸、馮沅君、錢南揚等，從明清曲籍中鈎沉宋元南戲佚曲劇目二百多種，補上了缺失的一環。

元代末期，來自南戲發源地温州的進士高則誠創作了琵琶記，從此改變了上層文人不重視戲曲的局面。高則誠以近乎完美的藝術表現和精彩的文學呈現，讓琵琶記成爲後世戲曲的典範，也開了文人傳奇的先河。從琵琶記開始，戲曲史料逐漸豐富起來，關注和記載戲曲信息的文獻逐漸多起來，社會各階層參與戲曲活動的熱情高漲起來。我們可以看到明朝中晚期，戲曲真正成爲全民娛樂消費的對象。

十八世紀晚期，隨着崑曲的衰落、花部戲曲的崛起，花雅競爭和互融同時進行，地方劇種成爲我國劇壇的主宰者。京劇正是在此背景下誕生並趨完善、繁榮的。可以説，京劇是融匯我國古代戲曲藝術衆川精華之大成者，是繼崑劇之後藝術水平最高的一個劇種。京劇大繁榮的時間段正是在晚清及民國時期。現在編纂近代散佚戲曲文獻集成叢書的戲曲史料編，可謂順應了我國古代戲曲發展的歷史走向，順應了近代以來戲曲研究的大趨勢。

一

任何歷史研究，史料都是基石，戲曲史的研究也是如此。在戲曲史料編中有内容極爲豐富的五十年來北平戲劇史材 北平國劇學會陳列館目録 國立北平圖書館戲曲音樂展覽會目録等戲曲史料或戲曲文物目録的彙集，也有近代名伶的生平傳記、舞臺藝術史料，如同光朝名伶十三絶傳略 皖優譜 男女名伶小史 梨園佳話等，它們既反映出晚清民國名伶的譜系，也折射出這一時期戲曲發展的基本面貌。此外還有史料搜集與整理方面的著作整理昇平署檔案記 昇平署月令承應戲等，這些稀見史料對近代戲曲研究意義重大。

史料的搜集，實質上關涉學人的眼界和觀念。什麼樣的史料是有價值的、值得納入囊中，這需要學人憑藉自身的史識作出判别。五十年來北平戲劇史材即充分體現出編輯者周明泰高遠的視野和廣博的學識。這部史材收納了從光緒八年（一八八二）到民國二十一年（一九三二）整整五十年間北京的數百張戲單，涵括普慶班、四喜班、鴻慶班、三慶班、同春班、同慶班、永慶班、雙奎班、增桂班、義順和班、天慶班、福壽班、玉成班、慶壽班、雙慶班、承平班、寶勝和班、太平和班、吉祥班、鴻盛和班等數十個名班，以及譚鑫培、楊月樓、孫菊仙、梅蘭芳、程硯秋、荀慧生、尚小雲、馬連良等衆多京劇名角。透過戲單中藴含着的各種演劇史料，我們可以看到戲班演出場地與劇目的關係、劇目次序與伶人的對應關係、劇目的差異與不同觀衆的審美取向及民俗含義、劇目的五十年變遷軌跡等内容。同時，在戲單中還能看到伶人的譜系流變，如譚鑫培家族中子弟的成長史，譚富英、譚小培、譚世英、譚春仲、譚盛英、譚文玉、譚春同、譚金昇在戲單中出現的時間、各自行當的分工、劇目的分佈等等。此外，通過戲單還能看到崑曲劇目與皮黄劇目的搭配，光緒年間雙慶班在大演皮黄戲的同時也間演游園驚夢、風箏誤、拷紅、斷橋、寧武關等崑曲折子戲。可以毫不夸張地説，若將五十年來北平戲劇史材中一張張戲單所包含的豐富戲曲文化信息連綴起來，就是一部北京晚清民國五十年戲曲發展史。

有時候，史料的得來，純在偶然之間，這需要研究者對雜亂無章的史材作進一步的整理。整理昇平署檔案記依靠的史料是一九二四年朱希祖在北京宣武門偶然購得的昇平署檔案及鈔本戲曲共六七百種、一千數百册。在這部著作中，朱希祖對昇平署檔案作了詳細分類，分爲日記檔、差事檔、花名檔、旨意檔、恩賞檔及分錢檔各類。該書的内容首發於一九三一年的燕京學報第十期，成爲今天研究昇平署檔案的重要參考文獻。

在衆多戲曲史料中，齊如山的北平國劇學會陳列館目錄和國立北平圖書館編國立北平圖書館戲曲音樂展覽會目錄，十分引人注目。這兩部印行於二十世紀三十年代的戲曲史料目錄，内容極爲龐雜。

齊如山的北平國劇學會陳列館目錄與北平國劇學會有關。創建於一九三一年十二月的北平國劇學會，是由梅蘭芳、余叔巖、齊如山等人聯名發起組織的一個民間京劇團體。國劇學會創設的陳列館，收藏各種大小戲曲文物十萬多件，齊如山將之整理，列成細目。目錄包括内務府檔案、昇平署劇本、戲班文物、戲曲圖表、相片、樂器、唱片。尤值一提的是，目錄包含大量内務府演劇檔案，其中涉及戲班進呈内務府花名册、戲單、清宫戲箱砌末檔案、傳差賞銀及示諭戲班檔案等；而昇平署檔案，更是種類繁多、琳瑯滿目，包括花名册賞單戲目、王府進呈本、御筆改訂本、崑曲安殿本、皮黄安殿本、弋陽腔安殿本、梆子安殿本、曲譜存庫本、提綱存庫本、排場本、穿戴提綱本、串頭提綱本、砌末提綱本等多個科目。從時間跨度上看，較早的内廷演劇檔案有乾隆十六年皇太后六旬萬壽奏案簿，最晚的檔案、劇本直至光緒末年。北平國劇學會陳列館目錄收羅極爲龐雜，說明整理者的視野相當寬廣。事實上，齊如山的戲曲研究從宮廷演劇到民間演劇習俗、從戲曲藝術本體到戲曲文學、從戲曲文物到戲曲文獻都有涉及，並取得相當高的學術建樹。

國立北平圖書館戲曲音樂展覽會目錄分戲曲撰著部、戲曲文獻部、樂書部、樂器部等部類，尤其以戲曲撰著部收錄最富，涉及曲作、曲譜、曲選、曲話、曲律及近人戲曲研究專著等多個方面。展覽會參展的戲曲文獻除北平圖書館所藏之外，還有大約三分之一來自私人藏書。這些私人藏書家有梅蘭芳、馬廉、劉半農、鄭振鐸、傅惜華等人，尤以傅惜華藏品爲多。而私人收藏的戲曲文獻主要以清代梨園戲曲鈔本爲主，不少是存世的孤本，彌足珍貴。可以說，這部目錄是當時研究戲曲最爲完備的史料指南。

二

史料是文化的印痕，而文化是人創造的。晚清民國是中國戲曲發展的又一高潮，尤以京劇爲代表，這一時期京劇伶人生平史料和演劇史料層出不窮，真實再現了伶人的藝術人生和學藝、傳藝的譜系。

「戲曲史料編」中收錄了孫老乙等人編輯的近代名伶傳略史料彙編、天柱外史皖優譜、王夢生梨園佳話等伶人傳記史料。

近代名伶傳略史料彙編匯集了佚名最近一百名伶小史（又名男女名伶小史）、朱書紳同光朝名伶十三絶傳略和孫老乙當代名伶傳三部伶人傳記。佚名的男女名伶小史，民國十年（一九二一）上海中外書局鉛印本，選取從徽班耆宿程長庚開始的一百位京劇名伶小傳，基本涵括了京劇史上最有名之「老生前三傑」「後三傑」「四大名旦」等名角。小史在編排伶人的次序上，頗爲注意伶人之間的血緣、師承、姻親、地緣關係；同時在地域上以北京爲主，兼及天津、上海、蘇杭，甚至東北、粵東地區。如此分類也符合當時京劇流傳情况和地域成就的實際。小史的體裁類傳記，以單傳爲主，偶有兩人合傳，對伶人的學藝經歷、演技特色、藝術地位多有論述，亦不妨當作戲曲評論來讀。

同光朝名伶十三絶傳略，是一九四三年由進化社朱復昌（書紳）縮小影印的，沈蓉圃所繪同光朝名伶十三絶傳真像，是當時各行當的代表人物，分别是程長庚飾群英會魯肅，盧勝奎飾空城計（或戰北原）諸葛亮，張勝奎飾一捧雪莫成，楊月樓飾四郎探母楊延輝，徐小香飾群英會周瑜，譚鑫培飾惡虎村黄天霸，梅巧玲飾四郎探母蕭太后，朱桂芬飾玉簪記·琴挑陳妙常，時小福飾桑園會羅敷，余紫雲飾彩樓記王寶釧，郝蘭田飾釣金龜康氏，楊鳴玉飾思志誠明天亮，劉趕三飾探親家鄉下媽媽。這「十三絶」中老生四人（程長庚、盧勝奎、張勝奎、楊月樓），武生一人（譚鑫培），小生一人（徐小香），旦角四人（梅巧玲、時小福、余紫雲、朱蓮芬），老旦一人（郝蘭田），丑角二人（劉趕三、楊鳴玉）。除净行未收外，涵蓋了京劇的主要行當。書後附有十三絶的傳略及余叔巖、時慧寶、程繼先、梅蘭芳、王瑶卿、譚小培、馬連良、尚小雲、程硯秋、荀慧生、金仲仁等數位當紅伶人的附志，是晚清民國時期伶人傳記史料集。

孫老乙當代名伶傳，一九四七年八月由天下圖書雜誌出版公司出版，前有王雪塵、李元龍、俞振飛所作序言及作者自序。作者就自己二十年見聞所及，記述了當時一百一十三位京劇演員的生平和藝術。伶人排列以宗派爲經，以時代爲緯，首起梅蘭芳，以北京的伶人爲主體，同時也記録了長期在上海演出的麒麟童、林樹森、蓋叫天、趙乃泉、楊瑞亭、苗盛春、蓋三省、俞振飛、韓金奎、劉斌昆、言慧珠、童芷苓、艾世菊、魏蓮芳等名伶。作者力圖以傳統的紀傳體裁來勾勒民國時期京劇歷史的概貌。

天柱外史所著皖優譜，世界書局一九三九年出版，凡六卷，分爲引論及生、旦、净、丑、場面各一卷。主要輯錄皖籍崑劇、徽調、皮黃劇伶人的藝術史料。卷一「引論」，對徽班演劇史有詳細的勾勒。卷二至卷六，從元楊景輝、明嘉靖張野塘開始，分別介紹徽州歷史上著名的伶人。每卷之前考索角色名稱的由來，介紹名伶的生平籍貫、藝術特點和成就。該譜引述「戲曲專家紀錄」，但逐條增添作者的按語，尤其在引論中對戲曲聲腔的論述，每有精闢之論，值得重視。

王夢生的梨園佳話，一九一五年商務印書館出版，是民國初年全面介紹清末以來北京戲曲活動演變、流行劇目及其藝術流派的戲曲專書。此書分爲四章，首章「總論」，分條論述戲曲藝術的總特徵、起源、唱做念打之技法等等，爲戲曲之整體關照。次章「諸位精華」，介紹生旦角色的含義、老生唱法和十餘種代表性劇目，另及一些特殊性質的劇目（如武劇、謔劇、穢劇、全本劇）。第三章「群伶概略」，介紹蘇班、徽班、京班中的名角，重點介紹程長庚、余三勝、汪桂芬、譚鑫培、孫菊仙、龔雲甫等當紅伶人七十餘位。第四章「餘論」，爲舞臺藝術特色、戲行之風俗及規制的介紹。梨園佳話雖仍屬京劇流派史料範疇，但它對京劇舞臺藝術、劇目及戲俗的介紹，頗有學術含量，初步具備京劇史研究著作的雛形。

三

劇目選編是不同於戲劇史料、伶人傳記的另一研究路向，大量劇本材料的匯集、選錄和考訂，從文本的角度豐富了對戲曲的整體關照，與歷史變遷、伶人流派一起構建起我國戲曲歷史、舞臺和文本的多維圖景。在「史料編」中選錄王端淑明代婦人散曲集、馮沅君孤本元明雜劇鈔本題記以及新大戲考 昇平署月令承應戲等幾部具有代表性的劇目、劇本文獻。

明代婦人散曲集是明末清初山陰才女王端淑所輯，爲民國二十四年（一九三五）盧前（冀野）從名媛詩緯初編·詩餘初編中輯出重編、校訂，前有盧前所作序文。王端淑從女性詩人角度，輯得黄峨、徐媛、梁孟昭、沈蕙端、郝湘娥、沈靜專、呼祖、蔣瓊瓊、楚妓、馬守真、景翩翩、李翠微等十二位女性曲家的散曲作品。每位作者名下皆有小傳，點出家學淵源或重要社會關係，對藝術風格和成就有簡要點評。王端淑的評語明顯帶有女性視角，試圖將女性曲家從男性作家群體中剝離出來，給予獨立的主體地位。書尾附錄有吴蘋香手書曲稿真跡一幀，另附有盧前錄得從宋代劉盼春至民季吴蘋香婦人曲話十餘則，爲整篇散曲之有益補充。

孤本元明雜劇鈔本題記，是馮沅君先生在一九四四年對國立女子師範學院所鈔藏的二十一册「脈望館鈔校本古今雜劇」作的題記，是一篇關於雜劇角色服飾的重要論文，可視爲一九三六年古劇四考「搬演考」的續篇。馮先生從鈔本雜劇的記載，重點考察舞臺上伶人對劇中人物穿戴的設計和安排，將文本形態與舞臺形態結合起來研究，構建了從文本到舞臺的新的研究路徑，給後世的戲劇研究者帶來諸多啓迪。

新大戲考是二十世紀四十年代灌注的京劇名角唱片的名段曲詞之匯集。戲考分爲劇情説明和名段唱詞兩大部分，劇情説明有四十五則，而名段唱詞則以京劇曲段最多，依次以老生、文武老生、青衣、老旦、大面錄入。老生藝人包括譚鑫培、王長林、孫菊仙、余叔巖、馬連良、劉鴻聲、陳少霖、王又宸、高慶奎、言菊朋、王少樓、譚富英、譚小培等數位。文武老生則有楊小樓、高百歲、李吉瑞、麒麟童、李桂春、林樹森等數位。青衣則以梅蘭芳、程硯秋、尚小雲、荀慧生等名角爲主。老旦以李多奎，大面以郝壽臣、金少山爲代表。可以説，當時市面上流行的京劇名角唱片基本被囊括其間。更值得一提的是，戲考還將上海一帶流傳的紹興戲、申曲、揚州調、彈詞、河南墜子、北方雜曲的名角唱片曲詞錄入，收錄的名角近百位，關涉的唱片公司有百代、勝利、高亭、國樂、蓓開、孔雀、長城、麗歌、大中華等數家。新大戲考爲研究近代戲曲、雜曲唱片史的重要文獻。

昇平署月令承應戲，一九三六年北平故宫博物院編印，收錄清代宫内昇平署殘存的崑、弋腔月令承應戲劇本，皆爲内廷供奉的折子小戲。宫廷月令承應戲，計有元旦承應戲三折、立春承應戲二折、上元承應戲二折、燕九承應戲二折、花朝承應戲二折、浴佛承應戲二折、端陽承應戲五折、七夕承應戲二折、中元承應戲三折、中秋承應戲二折、重陽承應戲四折、頒朔承應戲二折、冬至承應戲四折、臘日承應戲二折、祀竈承應戲三折、除夕承應戲八折。昇平署月令承應戲凡十六節令，演劇四十八折，是研究清代宫廷月令演劇不可或缺的史料。

以上這些民國時期刊印的珍貴戲曲史料，隨着時間的流逝，已難得一見，成爲「稀見」文獻，今天重新將它們影印出版，必將嘉惠學林，大力促進戲曲史的研究工作，洵爲功德無量之事。

作者簡介

天柱外史（一八八八—一九五五），原名程演生，別號天柱外史、寂寞程生，安徽懷寧人。早年留學英、法、日等國，獲法國考古研究院博士學位。爲新文化運動的積極支持者。酷愛戲曲藝術，尤愛京戲。在京、滬、安慶等地，與楊小樓、梅蘭芳等京劇名流交往頻繁。新中國成立後，曾任中學校長、上海市文史館員。編著有西泠異簡記皖優譜東行三錄等。其中皖優譜主要輯錄乾隆以降皖籍崑曲、徽調、皮簧藝人的資料，叙述徽調、皮簧、黄梅戲的發展歷史，是研究安徽戲曲史的寶貴資料。

皖優譜

天柱外史氏撰

皖優譜

目録

皖優譜

題辭一　絕句三首　鶴柴山人

知音顧曲溯風流、述史論經考證周。獨譜夢華南部樂、程(長庚)余(三勝)楊(月樓小樓)夏(奎章·月潤香梓)百年留。

玉樹新聲燕子箋、江東流派入幽燕。鼓琴擫笛琵琶奏、儘有當時一藝傳。

三慶徽班夙有聲、千秋令節侍承明。迴風妙舞霓裳曲、天柱閒人費品評。

題辭二　南歌子二闋　東華舊史

霍嶽標奇秀、桐華播異芳。織成雲錦煥文章。更借梨園歌史寫興亡。　玉管傳優譜、芸編續教坊。獨彈徽調訴淒涼。歷世幾經桑海斷人腸。

鼓板翻新調、霓裳憶大羅。玉珊流韻總難磨。回首鳳城塵影悵如何。　世事悲觀劇、愁懷強聽歌。念家山破感傷多。惟問幾時重唱定風波。

皖優譜

例言

一、譜前引論、皆取自戲曲專家之紀錄、撰者并加訂正、依著者時代分列之。庶幾藉以考見皖省五百年來戲曲演習之歷史。

一、譜中所載諸優之籍貫生卒、皆根據羣籍錄入。其可疑者、則寧闕焉。

一、故書雅記、凡關於諸優唱作技藝、及傳授淵源之記載、皆按次分輯各人傳後。其他品評、槪不著錄。

一、每一譜前撰敍論一篇、以考正角色之名稱。撰者以爲生旦淨丑之名、皆出於四裔散樂。而淨之塗面勾臉、實原於儺、此前人所未嘗言也。

一、曩者優伶不齒於士類、所謂倡優隸卒、皆操賤業者也。其子弟科舉有禁、仕宦有禁、而隱姓名匿籍貫者衆矣。本書止就載籍確可考者輯之、今不過一百七八十人。其被遺者何可勝數、惟有俟諸繼續發見、再行補入。

一、場面琴笛鼓板之演奏者、皆樂工也。其人多隸梨園、雖與優別、而實伶也。故亦幷列之。

一、本書錯訛或遺漏、在所不免、尚望博識戲曲君子、不吝指正。

一、本譜承紅豆館主親加校閱、幷誌此感謝。

民國二十八年、春、撰者識於上海。

天柱外史氏撰

引論

徐文長南詞敍錄：今唱家稱弋陽腔者、則出於江西、兩京、湖南、閩、廣用之。稱餘姚腔者、則出於會稽、常、潤、池、太、揚、徐用之。稱海鹽腔者、嘉、湖、溫、台用之。惟崑腔止行於吳中。

外史氏曰：徐文長渭爲明嘉靖時人、所言諸腔之流行各地、以弋陽腔佔地最廣、餘姚海鹽二腔、不過風行江浙兩省、崑曲猶不出吳中、當時戲劇之所尚、於茲可窺見一斑。其所云池、太者、卽今安徽省南部明清兩代池州府、太平府地、足徵皖南優人、是時所習者爲餘姚腔也。

又曰：安徽省之南部有太平府、又寧國府有太平縣、此言池、太者、是幷舉府名而言，皆在大江南岸。近人譯日本青木氏中國近世戲劇史（商務印書館出版）。引此文，謂太是指安徽省太湖縣，但太湖縣明清兩代皆屬安慶府，在大江北岸，爲皖之北部地，恐不相涉也。

王驥德曲律論腔調：數十年來，倡有弋陽、義烏、青陽、徽州、樂平諸腔出，今則石臺、太平梨園幾徧天下，蘇州不能角什之二三。其聲淫哇妖靡，不分調名，亦無板眼，又有錯出其間，流爲兩頭蠻者，皆鄭聲之最。

外史氏曰：王氏曲律成於明萬曆三十八年，庚戌，徐氏南詞敍錄成於嘉靖三十八年，己未，其間相距幾六十載矣。宜乎唱曲演劇之風，已生變化。此際安徽南部各屬，蓋已改習弋陽新聲，而青陽，（縣名，明清屬池州府。）徽州，（府名。）諸腔，雖不可考，吾意亦不過高腔之枝流耳。至石臺，（臺字當是埭之誤，各本皆未訂正。石埭縣明清屬池州府，與青陽隣縣。）太平、（此文是縣名幷舉當指太平縣而言、太平縣與石埭隣縣。）之梨園幾徧天下、自是受弋陽腔之影響、而其勢遂稱盛焉。卽今安徽省南陵縣（明清屬寧國府、與青陽石埭隣縣。）之高腔目連戲班、猶風行隣近各區、（友人胡君樸安中國風俗志、涇縣目蓮戲、演目蓮救母故事、皖南盛行之。演戲伶人、大抵爲南陵人。）實其遺聲耳。至弋陽、徽州之高腔、本有其曲牌節奏、不得謂不分調名、亦無板眼也。王氏之論、蓋不免一偏之見焉。

又曰：明天啓時人山陰張岱撰陶菴夢憶云、「選徽州、旌陽、（旌疑是青之誤。）戲子、剽輕精悍、能相撲打者三四十人、搬演目連戲。」是皖南戲班優人、明季已盛行外地矣。

湯顯祖玉茗堂集、宜黃縣戲神清源師廟記：自江以西爲弋陽、其節以鼓、其調諠。至嘉靖而弋陽調絕、變爲樂平、徽州、青陽。我宜黃譚大司馬綸聞而惡之、自喜得治兵於浙、以浙人歸、範其子弟爲海鹽聲。

外史氏曰：觀湯氏碑文、足徵徽州、青陽諸腔、是由弋陽腔變演者。而且可考江西弋陽腔於本土、在嘉靖以後已絕響、而宜黃譚綸乃範子弟教習海鹽腔矣。此談戲曲史者、不可不詳其沿革也。

潘之恆亘史雜編敍曲：肉音如梁谿之陳、陽羨之潘、晉陵之褚、婁水之顧、雲間之倪、新安之羅、若吳、皆擅場一隅、而莫之能競、其技之專一故也。

又：雲間傾六朝之豔、而皖上與之頡頏矣。

又：曲派自黃問琴以下諸人、十年以來、新安好事家多習之、如吾友汪季玄、吳越石、頗知遴選、奏技漸入佳境、非能諧吳音、能知吳音耳。

外史氏曰：潘氏爲明萬曆天啓時人、其述崑曲之源流枝派、曰新安、即今徽州之舊名、曰皖上、卽今安慶之別名。於斯可見吾皖戲劇於萬曆、天啓間、又盛習崑腔矣。唯唱者若吳若羅、惜其名未詳耳。

又曰：皖上阮氏之家伎、於天啓、崇禎時、名滿江南。阮氏既精於音律、雅擅詞曲、所撰燕子箋、春燈謎等傳奇、其科介排場、無不緊湊、流傳至今、搬演不輟。陳其年於冒巢民五十壽序中謂、「金陵歌舞諸部甲天下、而懷寧歌者爲冠。」此又可徵皖上菊部聲伎、於晚明之際、已極盛、故潘氏謂「可與雲間頡頏也。」近人冒君廣生輯雲郎小史，謂水繪園主謳者，爲阮大鋮家伶工，見吳梅村冒辟彊五十壽序。余考梅村是序，載冒氏同人集，序中述「嘗隨阮大司馬主謳者」云云，非指水繪園主謳者，冒君蓋誤記也。又龔芝麓定山堂集，「朱音仙，阮懷寧歌者，供事單中，談江上情形甚悉。」蓋與梅村所隨者，爲一人也。

焦循劇說：近安慶梆子腔劇中、有姚花女、與周公鬬法、沉香太子、劈山救母、等劇、皆本元人。又義兒恩、兒問罪在獄、適兒赦、而盜殺、母誤盜屍爲兒屍、全本蝴蝶夢、趙頑驢偷馬殘生送一折也。又有五雷轟者、演孫臏事、內有卜子夏、此正元人劇馬陵道中有卜商也。

外史氏曰：按焦說安慶戲班、於清乾隆時所演劇本、大都爲北曲之遺音、非盡鄙俚、不足供大雅之賞也。又足徵皖上是時、已不專習南曲矣。

李斗揚州畫舫錄：雅部、即崑山腔。花部、爲京腔、秦腔、弋陽腔、梆子腔、羅羅腔、二簧腔、統謂之亂彈。

又：安慶有以二簧腔來者、而安慶色藝最優、蓋于本地亂彈、故本地亂彈、間有聘之入班者。

外史氏曰：據焦氏劇說、安慶所唱者、亦名曰梆子腔也。考徽調中原有梆子腔、解見後。徐珂清稗類鈔云「如得意緣中之調、即就二黃之胡琴以唱秦腔、似是而非、祇可謂之徽梆子。」此指唱秦腔實非也。而畫舫錄則以安慶二簧調、列於亂彈。亂彈之名義、解之者甚夥且鑿、而終以畫舫錄所言爲是。蓋既以崑山一腔、專屬雅部、而以京、秦、弋陽、梆子、羅羅、二簧諸腔、屬於花部、曰亂彈。此正言其諸腔雜陳、而不專唱一腔、且伴奏多用絃索也。近人輯清昇平署志略、載朱君希祖亂彈名詞涵義質疑一文、言博而雅、不得究竟、此則學者欲於深文奥義中求之矣。

又曰二簧自是二黃、正以地望得名、如海鹽、餘姚、崑、弋、京、秦等耳。不過清代湖北省屬有黃州府、黃陂、黃岡、黃安、黃梅等縣、不知究指何黃。嘉道間張祥河之偶憶編云「戲曲二黃調、始自湖北、謂黃岡、黃陂二縣、猶小曲之嶺調、始自段家嶺也。」近時通人若葉德輝（秦雲擷英小譜序）徐珂（清稗類鈔）等、亦皆以黃岡黃陂二縣爲此調所出地、大抵其名實已定矣。而疑者猶復紛紛糾詰曲解何耶。安慶與黃州地域相接、距離不過一二百里、同在大江北岸。其言語本相近、其腔調固無大異。惟徽調與漢調所以有別者、則以漢調唱腔聲雜襄樊耳。

又曰：今皖上各地鄉村中、江以南亦有之、有所謂草臺小戲者、所唱皆黃梅調。戲極淫靡、演來頗窮形盡相、鄉民及游手子弟莫不樂觀之。但不用以酧神、官中往往嚴禁搬演、他省無此戲也。

又曰：近人有溯二黃之源流者、謂二黃舊作二簧。又以二黃腔、初入北京時、唱腔托以二橫笛。笛有簧、二笛有二簧、故名曰二簧。此恐非是。簧黃蓋傳寫之或字耳。如崑曲於演唱時、又何嘗不用二橫笛耶。揚州畫舫錄「笛子二人。例用雌雄二笛。」

又：京腔本以宜慶、萃慶、集慶爲上。自四川魏長生以秦腔入京師、色藝蓋于宜慶、萃慶、集慶之上、于是京腔效之、京秦不分。迨長生還四川、高朗亭入京師、以安慶花部合京秦二腔、名其班曰三慶。而曩之宜慶、萃慶、集慶、遂湮沒不彰。郡城有江鶴亭（名春、安徽歙縣人、乾隆時揚州鹽商）徵本地亂彈、名春臺、爲外江班。（此曰外江班者、指人而言、江廣達爲德音班、又謂之內江班。）不能自立門戶、乃徵聘四方名旦、如蘇州楊八官、安慶郝天秀之類。而楊郝復採長生之秦腔、幷京腔中之尤者、如滾樓抱孩子賣餑餑送枕頭之類、于是春臺班合京秦二腔矣。焦循花部農譚云：「自西蜀魏三兒唱爲淫哇鄙謔之詞・市井中如樊八郝天秀之輩・轉相效法。」與此正合・惟楊八誤爲樊八耳。相傳魏長生年四十來揚州・受江鶴亭之聘・演戲一齣・贈以千金。蓋高朗亭郝天秀於茲時・皆被其影響・乃轉相效法也。

外史氏曰：此段所述安慶二黃調、在北京者則由高朗亭繼魏長生合京秦二腔、立亂彈之幟。在揚州者則由郝天秀與楊八官合京秦二腔、立亂彈之幟。于是亂彈之基礎奠定、而皖優徽班之聲勢徧南北矣。至京腔卽高腔、非同今人所目西皮二黄之京調也。乾隆中吳長元撰燕蘭小譜云、「京班多高腔、自魏三變梆子、盡爲靡靡之音矣。」又同治中楊敬亭撰都門雜記詞場序云、「我朝開國伊始、都人盡尙高腔、延及乾隆年、六大班九門輪轉、稱極盛焉。」是二書皆足資考證也。

又曰：揚州畫舫錄成於乾隆末年、錄前有袁子才序乾隆五十八年作也。道光中、粤人楊掌生所撰夢華瑣簿云、『乾隆間、魏長生在雙慶部、陳漢碧在宜慶部、同時又有萃慶部。或曰、今三慶、殆合雙慶、宜慶爲一者也。余按四喜在四班中得名最先、都門竹枝詞云、「新排一曲桃花扇、到處鬨傳四喜班。」此嘉慶朝事也。而三慶又在四喜之先、乾隆五十五年、庚戌、高宗八旬萬壽入都祝釐、時三慶徽是爲徽班鼻祖、今乃省徽字、與雙慶、宜慶、萃慶部、不相涉也。』此說與畫舫錄所述可資印證。是皖優立班於北京、肇始於三慶徽、由是遂開百五十年來花部繁興之局面。

又曰：青浦王昶使楚叢譚、「乾隆五十六年、辛亥正月二十一日、抵澧州、道臧理谷招同小飲。以安慶優伶祇應嘔嘔喞喞、亦頗怡然。」夢華瑣簿云、「廣州樂部分爲外江班、本地班、外江班皆外來、妙選聲色技藝并皆佳妙、近徽班。」楊氏此書撰於道光時、是條乃追記舊事、與王氏叢譚比觀、是徽班皖優於乾隆嘉慶間已盛行湘粤矣。而在揚州者、又遠在庚戌以前。究歷史之過程、皖優之擅場、决非偶然驟興、大約當清季開國之初、已經相當發達。不然聲色伎藝、何得遽臻佳妙優越之境耶。

嚴長明秦雲擷英小譜：金元間始有院本、院本之後演而爲曼綽、（原註、俗稱高腔、在京師者爲京腔。）爲絃索。曼綽流於南部、一變爲弋陽腔、再變爲海鹽腔、至明萬曆後、魏良輔梁伯龍出、始變爲崑山腔。絃索流於北部、安徽人歌之爲樅陽腔。（原註、今名石牌腔、俗名吹腔。）湖廣人歌之爲襄陽腔、（原註、今謂湖廣腔。）陝西人歌之爲秦腔。自唐宋以來皆如此。

外史氏曰：秦雲擷英小譜所載、皆乾隆時秦中諸伶小傳、非專論戲曲也。咸豐時、長樂謝章鋌節錄於所著賭棋山莊詞話、服其言曲派之精確。而光緒時長沙葉德輝刻之雙梅景闇叢書、序是書、對嚴氏極加菲薄云「至論崑弋、海鹽、安徽、樅陽、湖廣、襄陽、陝西、秦腔、流別異同、亦信手臚陳、未之分辨。不知崑山弋陽、同爲金元北曲變體。唱雖不同、其戲文脚本則同。非若湖廣陝西、其戲文爲七字句、或十字句、流爲今之京二黄梆子腔也。此等脚本、始於明之王魁、二者之中、唱各不同、故所用之樂器亦不同。二黃絃索之外、雜以鑼鼓、梆子絃索之外、全用擊筑。猶之崑山、弋陽、亦因唱不同、而樂器不同。崑山用笛板、弋陽用鐘鼓。今南方通行之弋陽腔、謂之高腔、不用鐘鼓、改用鑼鼓、蓋取其便也。侍讀（侍讀官名・指嚴氏。）自詡知音、於南北戲文源流、全未深考，乃斷斷談律呂、辨宮商、豈不謬哉。」葉氏之言、誠辯矣。但嚴氏所述南北曲、根據曼綽絃索之別、以畫分諸腔之流變、實不爲無見。而且能指出安徽人所歌者爲樅陽腔、今名石碑腔、俗名吹腔、茲皆前人未嘗道及者、孰能謂嚴氏於聲音未之深考哉。按樅陽鎮名、屬桐城縣、石牌鎮名、屬懷寧縣。兩鎮地相距約一百五十里。其實自乾隆以來、郝天秀而下、至程長庚、王九齡、楊月樓諸伶工、皆石牌鎮附近人也。此可證明石牌腔、固徽調之濫觴、吾以爲嚴氏非漫談也。

又曰：石牌腔或樅陽腔，自是徽調之本腔。其行腔唱法如何，時賢著述如林，對此種問題，讀之殊難得有一精詳之說。惟劉陽歐陽予倩所撰談二黃戲一文，較有統系，其謂「二黃調本於徽調之高撥子調，高撥子出桐城。」又謂「高撥子至二黃調，當是平二黃調爲之過渡。平二黃屬於弋陽腔之嚨咚腔，又名梆子腔，又名吹腔。」此皆與嚴氏之言相合，別無乖迕。若至徐珂清稗類鈔，亦謂「弋陽梆子調爲崑曲皮黃之過渡。」則似是而非之說，不知崑腔與皮黃，其流別絕異也。予倩又謂，「平二黃由安徽唱出，至今別種腔調都發生變化，惟平二黃，無論廣東、廣西、安徽、湖北、北平，皆仍一樣。」所以彼以爲現行之京二黃調，是平二黃所演變。再研究「平板二黃，雖然脫胎於弋陽腔，在當時則不無受高撥子調之影響，從安徽平板戲如雪擁藍關等劇之音節板眼、可以考見、仍帶有高撥子之彩色。(水掩七軍齣、亦有高撥子調。)由此推之、吾人則可斷定高撥子調、即是懷寧之石碑腔、或桐城之樅陽腔矣。又平二黃即四平調、高撥子今省言曰撥子、浙人錢沛恩綴白裘第十一集、打麵缸劇中有包子調、言者謂包即撥之或字。

又曰：余讀明顧起元、客座贅語謂「戲劇、萬曆以前其始只二腔、一爲弋陽、一爲海鹽。後則有四平、乃稍變弋陽。今又有崑山」於此可徵四平調之唱出、乃在崑腔之前。更可徵予倩謂「平二黃屬於弋陽腔之嚨咚腔」確乎不謬。顧氏又謂、「俚曲有桐城歌、挂枝兒、乾荷葉、打棗干等、雖音節皆倣前譜、而其語益淫靡。」予疑此所謂「桐城歌」或即是嚴長明所謂之樅陽腔、予倩所謂之高撥子調也。斯咸言嘉靖間及萬曆初年、戲曲之變態、亦即徽調平二黃發動期之可紀錄者也。

小鐵笛道人日下看花記：邇來徽部迭興，踵事增華，人浮於劇，聯絡五方之音，合爲一致。舞衫歌扇，風調又非卅年前矣。

楊掌生長安看花記：嘉慶以還，梨園子弟多皖人，吳兒漸少。

又夢華瑣簿：今樂部皖人最多，吳人亞之，維揚又亞之，蜀兒無知名者。

外史氏曰：日下看花記作於嘉慶八年，長安看花記及夢華瑣簿皆道光時作。於此可見風會所趨，皖優於嘉道間聲勢之盛，人物之夥，不但蜀人已告却步，即吳中、維揚亦皆望塵莫及焉。其雅部崑曲之日就衰落，蓋至此竟一蹶不可復振矣。

張際亮金臺殘淚記：京師梨園樂伎，蓋十數部矣，昔推四喜、三慶、春臺、和春，謂四大徽班者焉。

又：今都下徽班，皆習亂彈，偶演崑曲，亦不佳。

楊掌生夢華瑣簿：戲莊演劇必徽班。戲園之大者、如廣德樓、廣和樓、三慶園、慶樂園、亦必以徽班爲主。

又：四喜班各擅勝場。四喜曰曲子、先輩風流、餼羊尚存、不爲淫哇、舂牘應雅、世有周郎、能無三顧。古稱清歌妙舞、又曰絲不如竹、竹不如肉、爲其漸近自然。故至今堂會、終無以易之。（道光中·四喜分集芳部·所譜皆崑曲·顧聽者落落然·不久散去·見金臺殘淚記。）三慶曰軸子、每日撤簾以後、（今梨園登場日例有三軸子·早軸子·客皆未集·草草開場·繼則三齣散套·皆佳伶也。中軸子·後一齣曰壓軸子·以最佳一人當之。後此則大軸子矣·每將開大軸子·則鬼門換簾·見瑣簿另條。）公中人各奏爾能、所演皆新排近事、連日接演、博人叫好。所謂巴人下里、舉國和之、未能免俗、聊復爾爾。樂樂其所自生、亦爲可少。和春曰把子、每日停午、必演三國、水滸諸小說、名中軸子。工技擊者、各出其技、痀瘻丈人、承蜩弄丸、公孫大娘舞劍器、渾脫、流漓頓挫、發揚蹈厲、總干山立、亦何可一日無此。春臺曰孩子、雲裏帝城如錦繡、萬花谷春日遲遲、萬紫千紅、都非凡豔、而春臺則諸郎之夭夭少好咸萃焉。

外史氏曰：張楊兩書所記者、皆紀錄徽班於嘉道時、在京師成爲獨佔之局面。而徽班演劇之特色、又復能爭奇鬬勝、各有擅場、其曲子、軸子、把子、孩子、莫不聲容并茂、排場斐然。咸豐以降、益如荼如錦、正若都門雜記詞場序云、「黃腔饒歌妙舞、響遏行雲、洵屬鼓吹休明、藉以鳴國家之盛。故京都及外省之人、無不歡然附和、爭傳曲部新奇。不獨崑腔闃寂、即高腔亦成廣陵散矣。」嗚呼、皖上優伶、斯爲其最絢爛之時期也。懷寧縣石牌鎮產優最夥、故石牌土人有口號曰、「無石不成班。」由斯觀之、良有以夫。

外史氏曰：綜觀以上諸家之說、可以見皖人所習戲曲、五百年間、凡數變矣。明嘉靖時、池、太則爲餘姚腔。嘉靖以後、青陽、徽州、石埭、太平、則爲弋陽腔、而且變化之。迨至萬曆天啓、皖上徽州又習吳音尙崑腔、降及盛清、安慶迺取二黃腔、創製新聲、由石牌腔或樅陽腔之高撥子腔、成爲徽調。先達揚州、繼抵北京、又復融合京秦、歸納徽漢、遂成爲京二黃調、百數十年來、遂以聲傾天下、至今不輟。誠可與徽州經學、桐城文章、媲美一代矣。同光朝士、稱李鴻章、程長庚爲安徽二傑、社會信有定評。至其淵源流變、故書雅記言者尙夥、余不揣婾陋、撰皖優譜、摭拾一二、并分別詮釋、弁於簡端、聊爲引論、亦數典不忘祖云爾。

譜前不詳角色四人

北曲二人

楊景輝　元、鳳陽人。

見臧晉叔元曲選元曲論、唱者三十六人之一。

張野塘　明、嘉靖隆慶時、壽州人。

沈德符顧曲雜言、自吳人重南曲、皆祖崑山魏良輔、而北詞幾廢。今惟金陵尚存此調、然北派亦不同、有金陵、有汴梁、有雲中。而吳中以北曲擅場者、僅見張野塘一人、故壽州產也、亦與金陵小有異同處。

陳維崧湖海樓集詩集、贈歌者袁郎詩云：「嘉隆之間張野塘、名屬中原第一部。是時玉峯魏良甫、紅顏姣好持門戶。一從張老來婁東、兩人相得說歌舞。」

南曲二人

羅　某　明、萬曆天啓間、徽州人。

吳　某　明、萬曆天啓間、徽州人。

潘之恆亘史、新安之羅若吳、指徽州唱曲者也。

皖優譜卷二

天柱外史氏撰

生譜

外史氏曰：戲曲中角色有生之名目、自南曲高則誠琵琶記始。宋、金、元之院本雜劇、凡生俱稱末。按末又謂末尼、見周密武林舊事、吳自牧夢粱錄、及元人雜劇。其所謂正末、副末、冲末、小末、即後之正生、老生、小生、是也。北曲王實甫西廂記、獨不標旦末、曰鶯、曰紅、曰生、曰惠、曰本、皆直名劇中人、曰生者、是指張生、非指角色言也。夫角色之曰生、曰末者、其意究何謂也。按周祈名義考、取樂記註「如獮猴」之言、遂謂「「生、狌也。狌狌也、山海經狌狌人面豕聲、似小兒啼。」此真囈語、不能通也。祝允明猥談、「生卽男子、末尼、孤、乃官人。」然則淨丑非男子耶、此亦未爲得之。胡應麟莊嶽委談、「傳奇戲文、其名欲顛倒而無實也。故曲欲熟而曰生、開場始事、而命以末。」此亦自逞臆解、未足爲徵實也。焦循劇說、「今人名刺或稱晚生、或稱晚末、或稱眷生、然則生與末通、尚有元人遺意歟。」不知此皆古人卑末之謙稱、如晚生、已見晉書東海王冲傳、眷生、則見朱存理鐵網珊瑚錄。他若漢書張禹傳、「新學小生、」三國志管輅傳「此老生常談、」豈可卽據之、指爲戲曲中角色之小生老生耶。且若班末、（見宋晏元獻類要。）僚末、（見南史王綸傳。）前代多有此稱、安得輒舉之爲生末之互證哉。王國維古劇脚色考、以東京夢華錄「獨後舞者、終其曲、謂之舞末。」乃牽強云、「末尼之名、亦當自舞末出。」此亦不足爲信也。劇說引懷鉛錄云「蒼鶻謂之末、周禮四夷之樂有韎、東都賦云、僸、佅、兜離、罔不俱集、蓋優人作外國裝束者也。」此實末之一大確證、惜其語焉不詳耳。余嘗考周禮春官、「靺師教靺舞、祭祀則帥其屬而舞之。大饗亦如之。」註、「舞以東夷之舞。」疏、「東夷之樂曰靺、」蓋靺本當時散樂之一種、靺師卽其舞隊之長、如後世之色長部頭也、故云「帥其屬而舞之。」迨及漢（班固東都賦云・僸佅兜離・罔不俱集。）唐（劉公輿觀太常四裔樂賦云・僸佅兜離・鳳旋鳥翔。）宋（夏英公辭奉使表云・雜聞僸佅之音。）猶有是種名稱、但字體或省文、或假借、故作昧、作佅、作末矣。（禮記明堂位東裔之樂曰昧。）又孝經鈎命決「靺持予助時生。」白虎通德論亦云、「樂持予舞助時生也。」由此推之、末之又從而曰生者、卽依此時生之意而演變以得名歟。王船山龍舟會雜劇音釋、「末泥、孤、番語。」又王國維古劇脚色考、長言之則爲末尼、短言之則爲末。」此亦末之一解也。揚州畫舫錄、以副末開場以下、生有老生、正生、外。茲謹依現時戲劇角色名目、分爲三類、曰老生、曰小生、曰武生。因鬚生、外、末、

皆老生也。摺子生、雉尾生、官衣生、皆小生也。短打、靠把、武小生、武老生、
皆武生也。不詳別焉。

程長庚、名椿、字玉山、又字玉珊、一名聞瀞。清、安徽省、安慶府、濳山縣人。嘉慶十七年、壬申、生。光緒八年、壬午、卒年七十一歲。父祥芑。子章甫、章瑚。孫繼先、遵堯。幼在北京、入崑曲和盛成科班習戲。咸豐間、任精忠廟會首、掌三慶部事歷數十年、人稱大老闆。戲單不題名、標曰四箴堂工老生。

外史氏曰：道咸以來梨園繫年小錄、長庚、光緒六年卒、年六十九歲。中國戲曲、長庚歿於光緒五年。讀伶工瑣記、據曹心泉王瑤卿言、記長庚之歿、爲光緒十年、壽七十一歲。以余按之、皆非也。茲依北京重修天喜宮祖師像碑記「光緒初年、復有會首程君椿、不忍坐視、起意修葺。工程浩大、獨力難持、商之同人徐君圻（按卽小香）梅君芳（按卽蘭

芳之祖、原名巧齡、字蕙仙。）等均願樂從、共襄盛舉、始有規模。適值孝貞顯皇后國服、程君及梅君先後作古、徐君旋里、因是中阻。」考之則程與梅、皆卒於孝貞國服中、是程之卒、非光緒五年、或六年、十年、明矣。因孝貞顯皇后乃崩於光緒七年三月十日也。又李蓴客越縵堂日記、「光緒八年、十一月、七日、四喜部頭梅蕙仙出殯廣慧寺、聞送者甚盛。自孝貞國卹、班中百餘人失業、皆待慧仙舉火、前月驟病心痛死。」此條正可與碑記互證。碑記云「程君及梅君先後作古、」是程之卒必又在梅之前也。由是推之、長庚之卒、當在光緒七年三月以後、八年十月以前、故余定爲八年卒、正七十一歲、與伶工瑣記長庚年歲却相合。又近據溥西園先生謂譚鑫培曾親向彼言程大老闆享年爲六十六歲云。

又曰：伶工專記、「長庚嗣子二人、一養子章甫、一從子章瑚。章甫善鼓板、子名繼先。章瑚子名遵堯、遵堯入仕途、官中書、民國外交部僉事、通四國語言。」又曹心泉云「長庚名椿、長庚其小名也、故長庚清音燈擔、署曰椿壽堂。」其後楊隆壽起小榮椿科班、蓋亦紀念長庚也。今按民國九年、新修灊山縣志仕籍門京秩、「程遵堯、清外務部農商部郎中、民國外交部祕書。」又封贈門、五品奉政大夫「程章瑚、以子遵堯誥封、妻鄢氏宜人。程聞瀞、以孫遵堯誥封、妻孫氏宜人。程祥芑、以曾孫遵堯誥封、妻王氏、宜人。程冠英、以姪遵堯誥封、妻謝氏、宜人。」冠英之名、與章甫之字正相合。據此、長庚則又名聞瀞矣。再按陳劍潭異伶傳、「長庚無子、豢族子、聘洋師習外國語言。」於遵堯之通四國語言、亦可互證也。近又據調查所得、長庚係灊山縣南鄉油坊壩人。

梨園繫年小錄：丑角楊明玉、行三、道光間、投入著名崑曲和盛成科班、同潘阿巧、嵇永林、程長庚等爲師兄弟。

伶工專記：文宗嗜戲劇、常召春臺、三慶、四喜、三大徽班、在圓明園演唱。時程大老闆、是三慶班主、三大徽班總管。文宗賞給五品銜、親除精忠廟首、（按精忠廟在北京大市街、即當時之梨園公會也。）

梨園舊話：程長庚賞有六品頂戴、不獨爲三慶班主、且爲廟首。內務府許其管領各菊部、有事則於精忠廟會議、聽其裁決。各伶有違犯規律者、聽其處置、無敢相抗。而程亦以身作則、恪守規律。

舊劇叢譚：長庚爲人嚴正、管理三慶部、井井有條、人多畏而敬之、尊之曰大老闆。

都門蟲語、竹枝詞：前頭幾齣怪偏長、倦極思歸轉自商、拈起戲單重檢點、洪羊洞是四箴堂。註云、京都呼程長庚不提名、曰四箴堂。

都門雜記：黃腔打油詩：二奎今日已淪亡、三勝由來沒準常、若向詞場推巨擘、箇中還讓四箴堂。註云、每有貼戲、長庚必寫四箴堂、餘直書名而已。

秦雲擷英小譜序：咸同之交、徽人程長庚於湖廣調中、精求所以調聲運氣之法、一唱三歎、聽之使人蕩氣娛神、世稱京二黃。

燕塵菊影錄、長庚乃鎔崑弋聲容於皮黃中、匠心獨造、遂成大觀。

京劇二百年歷史：長庚之音、稱爲膛音、所爲腦後音者、在膛音中、有雲遮月與腦後音兩種。腦後音者、當其唱之初、稍稍激出、而徐復於平、調大小高低、各能如意、變化無窮者也。蓋行腔使氣、用純粹之安徽音、如長江大河、一瀉千里、陵厲無前、此爲由丹田而出之真聲。

清稗類鈔：長庚聲調絕高，其時純用徽音，花腔尚少，登臺一奏，響徹雲霄。雖無花腔，而充耳饜心，必人人如其意而去，轉覺花腔拗折為可厭。其唱以慢板二黃為最勝。生平不喜唱二進宮，最得意者為樊城、長亭、昭關、魚藏劍數劇，又善唱紅淨，若戰長沙、華容道之類。尤以昭關一劇最工，後人併力為之，終不能至。梨園俗例，扮關羽者，塗面則不衣綠袍，衣綠袍則不塗面，而長庚獨不然，以胭脂勻面，出場時自具一種威武嚴肅之概。溥西園先生云：程長庚無不喜唱二進宮之說。又：凡關劇無不塗面者，并無衣綠袍則不塗面，塗面則不衣綠袍之例。

梨園舊話：程伶崑劇最多，故其字眼清楚，極抑揚吞吐之妙。亂彈乙字調，穿雲裂石，餘音繞梁，而高亢中又別具沈雄之致。視他伶之徒唱高調，聽之索然無韻者，殆有霄壤之殊。而又四平八穩，無所謂行腔，更無所珍惜，忌人學步，不求異人而人自不能及。

又程如老杜之沈雄、翕闢陰陽、牢籠衆有、其音調之高朗、作派之精到、真有天風海濤、黃鐘大鏞、莫能擬其所到之概。程佳劇極多、不能殫述、其尤爲傑出者、則華容道、戰長沙、捉放、罵曹、昭關、魚藏劍、最爲出色、至羣英會、鎮澶州、舉鼎觀畫諸劇、又有徐小香小生襯之、則更精美無極矣。

舊劇叢譚：梨園老伶、念字多本楚音、而於陰陽平、分別尤爲清晰。大抵陰平高呼、陽平低出、爲皮黃之慣例。惟捉放曹二黃句。輪字、明字、皆陽平、三勝則紆迴低唱、長庚則慷慨高歌、唱法各殊而各極其妙。然則徽漢二派字音之高下、不盡相同。度曲須知謂「字音之陰陽清濁、全在口中之筋節、而不盡拘工尺之高低」。此指崑曲言。崑曲中之陽平字、亦有揭調直出、而不失音律者、程氏其猶本崑曲之遺音歟。

又：鬚生一門、最爲難工、以其扮演劇中主要角色、貴乎設身處地、形容得體、固非毫無學識者所能辦也。長庚讀書識字、故其胸襟與俗子不同。余幼時見其登場、不但聲容之美、藝術之高、人不能及、其神采舉止、一種雍容爾雅之氣概、亦覺難能而可貴。蓋於古人之性情身分、體察入微、一經登場、不啻現身說法。故爲大臣則風度端凝、爲正士則氣象嚴肅、爲隱者則貌逸、爲員外則神恬、雖疾言遽色、而體自安詳、雖快意娛情、而神殊靜穆、能令觀者油然起敬慕之心。

溥西園先生云：陳德霖嘗自言、幼在三慶科班、習白蛇傳、唸許郎之郎字、彼輒唸音若蘭。程大老闆出細時、（出細爲班中術語、即習戲已成、又請老輩作進一步之研究也）必以尺痛責之。經過月餘、彼始行改正。然在此一月中、所受夏楚、痛苦不堪、幾至欲覓死。於此可見程於字音之考究、與教育後輩之嚴也。

梨園舊話：程長庚馳譽數十年、論者以其籍皖之潛山、謂徽有二人傑、蓋指程與合肥李侯相也。余謂事功與技藝、皆有等級高下之殊、登峰造極、即爲有數之人物、各史於列傳外、有方伎一門、此物此志也。合肥功業彪炳、宜享不朽之名。程以一技之長、譽之者無間人言、幾於口角流沫、迄今六七十年矣。其亂彈劇已臻極詣、逆料後有作者、無能爲役、殆可斷言。徐小香於其歿時以聯輓之、有「絕調竟成廣陵散」之語、惟能者知能者、余深信其非標榜讕言也。

外史氏曰：余幼聞有郝金官者、懷寧縣石牌郝家山人、唱老生、好施捨、亦嘉道間北方名伶也。其孫同箎於同治四年乙丑成進士、官至御史、惜其聲容技藝、不見記載、蓋前於長庚云。

張二奎、行二、故名二奎。安徽人。嘉慶十九年、甲戌生。咸豐十年、庚申卒。年四十七歲。孫、鳴才。道光十七年戊戌二十四歲、以客串入北京和春部。嗣與劉大奎官創雙魁班。工老生。

京劇二百年歷史：二奎自二十四歲現身劇壇、以至主和春雙魁兩班、約十五載、年尚未逾不惑、而於咸豐十年病卒。按此條計年或有差誤

外史氏曰：二奎、梨園舊話云是浙江人、舊劇叢譚伶史皆云是北京人。今依京劇二百年歷史、引梨園佳話、定爲安徽人。又清稗類鈔、亦云二奎爲安徽人。

梨園舊話：張二奎如沈宋之應制、各體堂皇冠冕、風度端凝、復加錘鍊之功、則摩詰嘉州之早朝、大明宮、一洗箏琶凡響。其打金枝、探母、五雷陣、金水橋等劇、皆獨出冠時、觀之令人神往。

又：張二奎最擅長袍帶戲，其打金枝，「金烏東升」一段，儼有「九天閶闔開宮殿，萬國衣冠拜冕旒」氣概。蓋儀表既英偉，而喉音嘹喨，又復高唱入雲。張劇西皮調爲多，板眼極遲緩，宗之者目爲奎派。迄今五六十年，奎派猶相沿不絕，可謂能自闢風氣者矣。

舊劇叢譚：張二奎品貌軒昂，聲音宏亮，所演皆堂皇名貴之劇，故於王帽最宜。其音調平正通達，落落大方，惟間用北方字音，徽漢之韻少減。其人早故，繼其傳者有周春奎。大抵奎派以腔調平穩，嗓音寬大爲正宗，學者往往限於天賦氣力，不能充沛，且無以見長，故少有習之者，而師傳亦駸駸乎息矣。

京劇二百年歷史：二奎面如冠玉，舉止莊重，唱工則博大光昌，氣像堂皇，不尚花腔，評爲乾腔，老幹無枝，非過聲，非豔聲。門下有楊月樓、許蔭棠、次者德建堂韋久峰、劉景然。據西園先生云，劉景然係張勝奎門人，非二奎派也。

余三勝安徽灊山縣人。生卒未詳。子紫雲。孫叔岩。咸豐間與程長庚、張二奎同有名於時。在北京先隸春臺部。同治二年、癸亥、隸廣和成部。工老生。

外史氏曰：余見近人記載、梨園繫年小錄、以三勝爲羅田人、評花新譜、以紫雲爲淮陰人、梨園影事則以叔岩爲黃陂人。祖孫父子籍貫之不同如此、殊可笑也。惟京劇二百年歷史、據穆辰公伶史謂「余三勝實安徽人。」今考新修灊山縣志公產門、京都潛山義園記題名、有余三勝名與程玉珊(長庚)并列、北京梨園金石文字錄同。據此可證三勝之爲皖人，止少彼之原籍爲灊山人無疑也。世多以三勝爲鄂人者、殆以其於咸同間、獨工漢調故耳。且余氏爲潛邑巨族、宿產聞人、如余際春、光緒乙未、進士、余受之、余震、皆光緒間舉人、余誼密、民國安徽財政廳長、護省長、皆其著者也。

京劇二百年歷史：三勝同治二年、搭廣和成班，在場壇者十餘年、以七十餘歲卒。專攻老生、將皖鄂之音、合一爐而冶之、殊於音節迴轉之處、頓挫抑揚、纏綿悱惻、稱爲前古未有。

梨園舊話：余如韋孟之間、適空山鼓琴、沈思獨往。觀者如遊名園、花木翳薈中有幽鳥一鳴、塵襟爲之一滌。其尤傑出之劇、爲桑園寄子、空城計、摔琴、碰碑、珠簾寨等。

舊劇叢譚：余三勝爲漢派鬚生、北來最早、所演多工衰派、亦擅靠把。

梨園軼事：京班最重老生、道咸間分三派。一、奎派、卽張二奎、實大聲宏、專工袍帶王帽戲、如打金枝、探母、滎陽之類。一、余派、蒼凉悲壯、專工桑園寄子、碰碑之類。一、程派、卽程長庚派、清剛雋上、力爭上游、專工魚腸劍、捉放曹、昭關之類。其餘後起諸伶、大約均不出此三派。

清稗類鈔：余三勝老生中之不祧祖也。其唱以花腔著名、融合徽漢、加以崑渝之調、抑揚婉轉、推陳出新。其唱以西皮爲最佳、探母、罵曹、藏劍、捉放皆幷世無兩。而二黃反調、亦由其搬製者爲多、如今所盛傳之李陵碑、牧羊圈、烏盆計諸劇、皆是也。且知書、口才甚儁、能隨地選辭、滔滔不輟。

王九齡、號榮齋、字豔芳。安徽、安慶、桐城縣人。嘉慶二十三年、戊寅、七月、十一日、亥時、生。光緒十一年、乙酉、卒、年六十九歲。妻汪氏。子二人。幼入北京小九合成科班、習戲。二十歲後、隸四喜部最久。工老生。

京劇二百年歷史：王九齡與程長庚同爲安徽人、年齡亦略相同、較程遲六年。卒於光緒十一年。

梨園繫年小錄：九齡幼入小九合成科班、學刀馬旦、演湘江會、武檔山、有大刀旦之稱。後改老生、搭四喜班、多與葉忠定演除三害、澠池會諸戲、最有名。

梨園舊話：九齡喉音清脆、如初炙簧、如新調舌。能令聽者、心曠神怡、如除三害、罵王朗、戰蒲關、五彩輿之海剛峰。官門帶之唐高祖、皆其擅長之劇。當時梨園無第二人演此數劇者、程長庚亦稱其獨擅勝場。

梨園軼事：王九齡丰神秀雅、局度安詳、嗓音圓湛深厚、爲他伶所不及。後臺謂之鐵嗓子、初習崑旦、年二十後、改習老生、唱開場戲、如山海關之類、調高響逸、彩聲雷動、名滿京師。

盧勝奎、外號爐臺子。安徽人。生卒未詳。與長庚同時。善編脚本。同光間、在北京、隸三慶部。工老生。

梨園舊話：盧勝奎學余三勝者也。隸三慶班時、與程伶配演。其專演者、如碰碑、珠簾寨、空城計等劇、皆規仿余伶、惟妙惟肖。其爭勝處、不但不刪減詞句、且復多多益善。如碰碑之反調、多至數十句、空城計於王平差人獻地圖時、上場添正板改二六一大段、鳳鳴關表功二六一段、較他伶多至數倍。其詞句之抑揚高下、又參互錯綜、以變化之、自然引人入勝。余嘗與之閒談、盧曰「三國演義固小說家言、吾嘗取陳志校核之、雖不無增飾裝點、而相合處頗多。」伶人有此談論、亦難能可貴矣。

梨園軼聞：盧勝奎文士出身、頗研筆墨、嗓音沉著、似啞而實亮。隸三慶部爲長庚配角。凡三慶本戲、如三國志、取南郡、皆其新排、極有邱壑。

清稗類鈔：盧臺子或云爲安徽舉人。其人夙有戲癖、尤崇拜長庚、日必至場、遂入三慶班、善編戲。

京劇二百年歷史：勝奎舌戰羣儒一幕、爲其擅場、唱平正、做工巧、得意之劇、爲盜宗卷、打棍出箱、空城計、開山府、胭脂虎等。

姚紅老安徽、亳州人。生卒未詳。子二、長阿貴、次增祿。在北京隸四喜部。習崑曲。工老生。

京劇二百年歷史：姚增祿傳內附見。西園先生云：增祿父、人呼姚老紅。

姚阿貴安徽、亳州人。生卒未詳。父、紅老弟、增祿在北京隸四喜部。習崑曲。工老生。

京劇二百年歷史：增祿傳內附見。昇平署志略、外學民籍年表、光緒二十一年、有姚阿奔、丑、五十四歲、不知是否卽阿貴也。西園先生云：阿奔當是阿貴、其入內承應或以丑角也。

楊月樓、名久昌、外號楊猴子。安徽、懷寧縣人。道光二十九年、己酉、生。光緒十六年、庚寅、六月、一日、卒。年四十二歲。子一、小樓。咸豐間、年十餘歲、在北京投張二奎爲師。同治中、在上海搭班。繼至京、隸春臺班。光緒二年、丙子、二十八歲、至上海開鶴鳴園。同京、隸三慶。及程長庚卒、乃繼掌三慶部事。十四年、戊子、四十歲、隸昇平署、內廷供奉。精忠廟會首。工武生、老生。

菊臺集秀：楊月樓名久昌。北京重修精忠廟天喜宮祖師像碑記題名、承修廟首、楊月樓、

昇平署志略外學民籍年表：楊月樓、光緒十四年、選入。十六年、六月、一日、卒。年四十二歲。

京劇二百年歷史：月樓之父、咸豐間賣藝天橋、爲二奎所見、愛其身手、攜歸加於弟子之列。時月樓方十餘歲、巧拳術、嗓音特洪亮、二奎命學老生。時二奎門下又有名武生俞菊笙、一文一武、稱爲雙璧。

又長庚既見月樓曰、「此子可繼我掌三慶班者。」極力提挈、且規楊曰、「子必與三慶相終始、使我安堵、毋負我鑑賞。」月樓感激知遇、且以一身率三慶、一如長庚、亦終其身爲三慶老闆。月樓歿年餘、以統率不得其人、三慶遂解散矣。（按三慶部原名三慶徽、自乾隆五十五年入都、迄月樓卒後年餘解散、前後歷有一百零三四年之歷史矣。）

淞南夢影錄：楊月樓、隸春臺部中爲老生、歌喉嘹喨、響遏行雲、而技藝之精嫻、科諢之諧妙、尤爲獨出冠時。丹桂園主人聘之來滬、芳譽大噪、每一登場、幾如衞洗馬令人看殺。丙子丁丑間、重來滬上、開鶴鳴園、嗣舍之他去。

梨園舊話：楊月樓爲張二奎弟子、其所演打金枝、取洛陽、五雷陣、牧羊圈等劇、確守師門衣鉢、觀者盛稱其不墜宗風。但楊本以武生著名、兼演鬚生、二者并負盛名。予獨喜其武生各劇、如惡虎村、連環套之飾黃天霸、昊天關之飾趙義、賈家樓之飾唐璧、皆奕奕有神、與他伶迥異。至長板坡之飾趙雲、每歲只演一次、大率在臘月封箱前後二三日獻藝、癖好者渴想至一年之久、始得一觀、無不目眩神搖、如覩順平侯颯爽英姿、當日與魏將十盪十決揮戈酣戰時情狀、真絕技也。

梨園軼聞：月樓外號楊猴子、在滬上以演猴子戲得名。像貌魁梧、聲音宏亮、文武兼全、能戲不少。時三慶初排三國志、月樓飾趙雲、精神飽滿、唱做俱佳。後長庚老去、月樓接演魯肅、安詳沉靜、頗能傳長庚衣鉢、惜享年不永、未克久負盛名。

外史氏曰：余舊聞長老言、月樓幼年曾爲浙撫蔣益澧侍史、同光時、在滬演劇、隸丹桂園。安天會去孫悟空、出臺時翻筋斗一百零八個、在一定尺寸內、不離故步。繼以狎妓案、乃避之北京云。

清稗類鈔：楊月樓、武生爲武劇之主腦、其人必神采奕奕、而又長於技擊、熟於臺步、嫻於金鼓節拍、乃始盡善、若更能唱、斯第一人矣。月樓獨能兼此數者之長、人稱之曰楊猴子。演西遊記悟空、必以武生繪面爲之、或竟有不繪面者、此角以超距靈捷、舞棒圓熟爲工。月樓本善武生、扮相絕佳、而技擊、臺步、身段、打把、又靡不精。每扮悟空、如芭蕉扇、五花洞、蟠桃會、金錢豹等劇、皆靈活如猴、有出入風雲之概、故以猴子見稱。武生最重在脛、無論猿超鶴立、必脚踏實地、毫不傾倚、方爲能手、月樓工力甚至、舒轉自如、雖長劇如長板坡、身在重圍、七進七出、借之牌調架式、而始終不汗不喘、一絲不走、恢恢乎游刃有餘。而又喉寬善唱、腔調兼勝。

又：楊月樓、安徽、懷寧籍。自稱順天、非也。幼時鬻張二奎家、習武生、兼習鬚生。甫登場、名即噪。後爲蔣某以千金贖之去。

產金傳、安徽、懷寧縣石牌人。嘉慶十五年、庚午、生。咸豐十年、庚申、五十一歲。在北京三慶部。本年隸昇平署、內廷供奉。同治二年、癸亥、取消外學、退出。擅崑曲工小生。

劇學月刊近六十年梨園之變遷：產金傳爲安徽世家、習崑小生、除陳金雀外、無與抗席。咸豐十年、挑入昇平署、極得文宗賞識、在內廷供奉無虛日。至同治二年、取消外學、重回三慶。與程玉珊交情至厚、玉珊每演釵釧大審、非金傳飾皇甫吟不可。

楊全、名隆壽、一作榮壽、號顯亭。安徽、桐城縣人。道光二十五年、乙巳、生。光緒二十六年、庚子、十月、二十五日、卒。年五十六歲。父福源。弟桂小。子二、長林、長喜。女四、長適梅竹芬、卽梅蘭芳之母。次適黃小山。三適朱玉龍。季適徐蘭元。幼在京投雙魁班坐科、從程長庚遊。搭四喜、三慶班演戲。光緒六年、庚辰、三十六歲、創小榮椿科班、繼又立小天仙科班。光緒九年、癸未、三十九歲、隸昇平署、內廷供奉、工武生。

外史氏曰：昇平署志略外學民籍年表：楊隆壽、光緒九年、三十歲。二十六年、八月、初九日、卒、年四十七歲。按戲劇月刊楊傳、光緒六年創小榮椿科班、若以外學年表計、隆壽始年二十六歲也、恐不能有此聲勢。至楊傳謂楊小樓程繼先等入科、亦在是時、然小樓生於光緒四年、計此年才三歲、必無入科之理、此亦不能無疑也。或者小榮椿科班肇始於六年耳。

戲劇月刊：楊隆壽傳、少在雙奎班習武生、扮相英俊、賈家樓、挑華車等劇、胥爲佳作、見者皆稱歎。尤精於彈弓登城垣、射飛鳥、輒應弦下、人益驚之。時譚鑫培、李壽山皆爲雙奎弟子、雖與隆壽同科、而敬之如師。隆壽能文手編三俠五義、九花天、火雲洞、雙心鬬、陳塘關諸劇、演之頗能受人歡迎。

梨園舊話：四喜武生爲楊全、其出色之劇、如英雄義之史文恭、泗州城之孫悟空、八蜡廟之褚彪、力健氣充、英光迸露、實可謂武生之矯矯者。

姚阿根、安徽亳州人。姚老紅之子、增祿之兄、生卒未詳。同光時在北京四喜部工老生。

溥西園先生云：阿根長增祿一歲。

周長山、安徽人。爲名老旦周長順之兄、生卒未詳。光緒時、在北京福壽部、工老生。

姚增祿、名奎福、號惠臣、字婉秋。安徽、亳州人。道光二十年、庚子、生。民國六年、丁巳、正月、十九日、酉時、卒。年七十八歲。幼在北京、入小嵩祝科班學崑曲小生、一云出全福科班。畢業後、從薛二奎爲師習武生、隸同慶、金魁各部。後任四喜部領班。光緒中、與楊隆壽起小榮椿科班。繼任喜連成、富連成社、教習。工小生、武生。

京劇二百年歷史：增祿習崑曲小生、小宴、白羅衫、稱爲傑作。後習武生、惡虎村、落馬湖、挑華車亦佳。在四喜班、演三俠五義、淮安府等劇、亦演老生。享盛名者二十餘年。晚年輟演、以教戲爲業、歷任榮椿、喜連成、富連成諸科班教習。據西園先生云·增祿七歲卯從一外行學成開鈴云。

近六十年故都梨園之變遷：光緒九年報廟花名單四喜班、領班、姚增祿、小生。

北方伶官史：增祿幼時出入於小奎勝科班、人稱丫頭、又名姚一腿。能戲不下四百齣。探莊、夜奔、英姿豪氣、邁衆超羣。（據西園先生云：姚一腿係姚棋山之外號、非增祿也。）

舊劇叢譚：姚增祿、武老生也。文武崑亂、所能甚多、清室貴族之嗜戲劇者、往往聘爲教習。余在肅王府中見其法場換子、而與譚鑫培配寧武關之老旦、尤爲妙絕、其神色、說白、身段、作工、幾可與鑫培並駕齊驅、老角本領、不可測度。

汪連寶、一作年寶、又作年保、號雨樓。安徽人。同治十一年、壬申、卒、年五十餘歲。當是嘉慶末年、道光初年生也。與楊月樓、俞菊笙同時人物。原配呂氏、繼娶蔣氏。子桂芬。初在北京隸四喜部、繼掌春臺部事。工武生。

京劇二百年歷史：汪連寶隸春臺班、安徽人。獨木關、英雄義等劇稱拿手、扮相英偉瀟灑、與菊笙二分武生界、雖黃月山亦不敢輕視。

劇學月刊近百年崑曲曹心泉云、汪年寶打虎、夜奔最著名。打虎身段有三絕、虎撲身時、舉棍一擊、棍斷後、身卽向前一攛、似軟搶背而過虎身、虎撲過、舉後腿踢汪、汪縱上虎背、隨卽向上提勁(跟斗名)縱身至空、翻折而下、以一足落地、踹虎背、虎倒地後、再縱身虎背、扭虎頸而拳擊之、其迅速矯健、最難學到。其演夜奔、頭帶甩髮、頭髮卽挽於甩髮座上、戴梢子帽、使甩髮挺上、將帽挑起、上拉編挂子、左右前後鐵門檻、指星星射雁。(此皆身段名目)。而帽在頭上、不令稍有傾落、唱至「懷揣著雪刃刀、行一步、淚號淘」句、有鑼冷記一挺脖子、梢子帽卽上縱入天井。

曹鳳志、安徽、懷寧縣人。生卒未詳。子、眉仙、春山。嘉慶時、在北京與徐屏山、錢寶田等同隸徽部。精音律。擅崑曲。工小生。

近百年崑曲：曹鳳志分小生臺步爲五種。一摺子生、脚步須文、稍彎腰、步小而靈。二官衣生、須擡腰、步法比摺子生放大。三蟒袍生、須提兩肩、脚微揚、露靴底。四靠背生、須揚起靴底、大闊步、後步隨前步脚跟、膀子須圓擰起。五箭衣生、頭一步、上左腿、擰身蹲腰、右腿在後、靴底朝天、跟步須步步使靴底翻上。功夫最不易練、如扇子之開闔、馬鞭之使用、俱有定法。

曹眉仙、安徽懷寧縣人。生卒未詳。鳳志第四子。道咸時在北京隸四喜部。工小生。

京劇二百年歷史：小香之前、無名小生、則大謬也。有曹眉仙、龍德雲二人。曹眉仙者、安徽人、爲京派小生之鼻祖。龍德雲、湖北人、爲鄂派小生之先輩。然後來北京、入於曹之門下。

近百年崑曲八大錘之車輪戰起於眉仙飾三國志之周瑜、亦爲一絕。演起布中有一身段、即一抖身手提身圓轉之後、脚仍在原站足印處、不爽分毫、實爲絕藝。箭衣脚步、即由眉仙留傳者。

曹福林、字春山。安徽懷寧縣人。生卒未詳。與汪年寶夏奎章同時人。子、心泉。孫、二庚。同治十二年癸酉、在北京隸四喜部。擅崑曲。工老生。

梨園繫年小錄：春山名福林、即曹心泉之父、見張紫雲傳。

近百年崑曲：春山十行脚色全扮、最著名者爲飾雪中人之吳六奇。大淨、使大鎗大鞭、即由曹起。復演挑華車等戲、使大鎗、亦仿此。曾與楊三同演教歌、大小騙、金山釋放等劇、俱稱雙絕。尤以演雙鈴記、飾漢御史、爲更擅場。演千里駒前本之老僕、後本之萬人敵、一係摔派軟工、一係靠把武生、其藝並臻上乘。一時名伶如徐小香、朱蓮芬、王楞仙等、皆出其門。黄潤甫嘗見曹演雅觀樓朱温、愛羨莫名、挽程長庚介請受業。先教以上樓下樓二身段、黄苦習半年、僅學就上樓身段、其後黄演賈家樓等戲、上樓身段、即得力於此、但下樓身段終不能辦。

菊部羣英：曹春山演訪鼠測字况鍾、金山釋放周羽、草鞋夜課馮仁、搜山打車嚴正直、梳妝跑池蘇軾、雙鈴記漢御史、四平山隋煬帝、千里駒義士、九蓮燈富奴、黄河陣燃燈、德政坊蕭大亨、梅玉配蘇順、棋盤山將官、寄扇楊文驄、教歌阿二、拐兒大騙、花鼓浪子、仲子口口、鴆門寺趙玉、浣花溪崔寧、雪中人吴六奇、雙官誥馮仁。

外史氏曰：余讀曹心泉近百年崑曲一文、述其父春山十行脚色全扮、余不能無疑、意謂心泉或阿諛其父也。既觀菊部羣英所載春山擅場之劇、正與心泉所述者、一無乖迕。乃益歎老伶工之工深藝博、而無所不能、無所不精、心泉之言之爲可信也。

曹文奎、安徽安慶人。生卒未詳。光緒九年、癸未、在北京隸春臺部。工老生。

劇學月刊近六十年梨園之變遷：光緒九年報廟花名册、及梨園供奉表皆著錄。

董秀容、一作秀榮、安慶人。生卒未詳。嘉道間在北京、爲名小生潘冠卿、陳鳳翎之師、所部未詳。工小生。

日下看花記：董秀容出耕齋之門、以小生擅名。

外史氏曰：道光七年、丁亥、北京重修安慶義園記題名有董秀榮、當卽秀容也、故據以入譜。

董文、號夔龍、安徽人。生卒未詳。妻王氏、卽王福壽之姊。子、鳳岩。在北京四喜部。工老生。

梨園繫年小錄：董文在四喜班、人緣頗好、德藝兼全、人咸以老夫子呼之。

夏奎章、安徽懷寧縣、小市港人。生卒未詳。子、月恆、月珊、月潤、月華。孫蔭培。女一、適張德祿。幼在北京科班學戲、同治初至上海搭班、遂留居上海。四十歲輟演。工老生。

戲劇月刊伶史：奎章鬚生戲、道白、唱工、做作、臺步、無一不好。皇帽戲打金枝、金水橋、靠把戲定軍山、戰太平、南陽關、紗帽戲清官册、宮門帶、打嚴嵩、員外戲狀元譜、硃砂志、扁摺巾戲浣沙記、八義圖、鴨尾帽戲慶項珠之蕭恩、八蜡廟之褚彪、羅帽戲九更天、南天門、綸巾戲借東風、安五路、七星燈、都能演、所以是鬚生全材。

陳鳳翎、一作鳳林、字鸞仙。皖人。生卒未詳。名小生董秀容弟子。能畫著色蘭蕙。道光時在北京隸三慶部。工花旦。後改小生、工小生。

長安看花記：董秀容以小生擅名、冠卿、鸞仙、小香、咸出其門。（此小香名愛齡、非徐小香也。）

懷芳記：鸞仙言論磊落超邁、眉宇間有英氣、齒既長、改串小生、乃於羣英會妝周郎、其豪可以想見。

陳連元、號玉卿、小名四兒、正名慶元。安徽人。咸豐二年、壬子、二月、二十二日、生。弟、連珍、妻、胡氏、胡喜祿之女。同治十二年、癸酉、二十二歲、在北京隸永勝奎部。工老生。

菊部羣英：四兒戲有罵曹、斬子、審刺、五雷陣、戰北原、天水關、打登州、鎮潭州、龍虎鬬、牧羊圈。

陳芷衫、名潤官、小名磬聲、外號小辮子。安徽人。咸豐二年、壬子、四月、初二日、生。妻、徐氏、爲徐阿福女。同治十二年、癸酉、二十二歲、在北京隸徽部。善隸書、畫蘭、圍棋。擅崑曲工小生、武生。

菊部羣英：芷衫戲有看狀、折柳、問探、雅觀樓、探莊、青龍棍、清風嶺、白水灘、蔡家莊、岳家莊、黃鶴樓、孝感天。

陳荔衫、名芷芸、小名蓮元。安徽人。咸豐十一年、辛酉、五月、二十四日生。兄芷衫。同治十二年、癸酉、十三歲、隸四喜部。擅崑曲工老生、武生。

菊部羣英：荔衫戲有寄子、回獵、探莊、蜈蚣嶺、雅觀樓、乾元山。

菊部羣英續集：陳芷芸、字荔衫。

汪金林、號燕仙。安徽人。咸豐七年、丁巳、生。同治十二年、癸酉、十七歲、在北京隸春臺部、四喜部。工老生。

菊部羣英：金林戲有昭關、罵曹、醉寫、烏盆計、趕三關、跑城、回龍閣、打金枝、金水橋、蘆花河、斬子、上天臺、南陽關、探窰。老夫人。

汪桂芬、名謙、號美仙、字豔仙、又號叔坪、硯亭、小名惠成、外號大頭。安徽人。咸豐十年、庚申生。光緒三十二年、丙午、七月、二十五日、丑時、卒。年四十七歲。父、連寶。兄惠元、惠恆。妻王氏。女二。同治七年、戊辰、七歲、在北京、投陳蘭笙爲師。十二年、癸酉、十四歲、隸三慶部。光緒三年、丁丑、十八歲、倒嗓、改場面、爲程長庚司琴。光緒七年、辛巳、二十二歲、隸春臺部。十八年，壬辰、三十三歲、八月至上海、先隸大觀園、嗣隸天福園。二十四年、戊戌、三十九歲、閏三月、回京、仍隸春臺部。二十八年、壬寅、四十三歲、十月、十日、孝欽皇后誕辰、傳進昇平署、內廷供奉。兼演老旦。工老生。

外史氏曰：梨園繫年小錄、桂芬十八歲倒嗓，改場面、二十三歲、充長庚琴手、以年計之、恐有乖誤。因桂芬十八歲、當是光緒三年、至二十三歲、則爲光緒八年矣。依小錄、長庚既歿於光緒六年、則桂芬安能爲之操琴邪。又按桂芬、菊部羣英、菊臺集秀皆作本京順天人、梨園繫年小錄作湖北漢川人、今依清稗類鈔及京劇二百年歷史定爲安徽人。

梨園舊話：汪桂芬在三慶班、與程長庚司琴、而程伶之唱工、說白、身段、臺步、做派、無不默識而心通。但其喉音剛俘於柔、程則柔寓於剛、故與程同唱高調、而意趣各別。蓋程如杜詩之精深博大、無美不臻、汪如蘇辛詞之豪邁縱橫、舉頭天外。相似而不相似、非僅豪釐之差。

梨園軼聞：桂芬、咸同間、名武生汪年保子也。幼習老生、兼老旦。滿師後、藝既不佳、嗓音又倒、遂改習文場、隨侍長庚左右。相習既久、聲音笑貌、舉止動作、無一不爛熟胸中、得其神似。後嗓音復原、且更清越、一試羣衆皆驚、時長庚已故、嗣響無人、大頭遂執歌場牛耳。乃由北京而上海、遍歷諸埠、名盛一時、與孫菊仙齊名、殆又過之。桂芬中氣充足、嗓音高亢、發於丹田、惟其沈著處、頗嫌重濁、蓋習長庚晚年之作、非復中年之清雋耳。

粉墨叢譚：汪桂芬之唱、如天風海濤、驚心動魄。

京劇二百年歷史：桂芬倒嗓後、學胡琴、然以安徽籍、故得爲長庚操琴。於長庚腔調、耳濡目染、心得獨多、故技近長庚、在孫譚以上、真力彌滿、沈摯渾厚。汪發聲屬腦後音、爲伶人最貴之聲、徽調賴彼以傳、得以不絕。汪與譚較、譚以巧勝、汪以拙勝、汪之腔調、非有真實力量者、則不能學、且甚難學、汪死後而祖述者、惟王鳳卿、郭仲衡、鄧遠芳三人而已。

梨園繫年小錄：光緒七年、七月、兵部郎中慶石臣宅作壽。桂芬充琴手、代演打龍袍之李后、頗受歡迎。閏七月、春臺班、俞潤仙、邀其搭班。遂於是月、初九日、在廣德樓登臺、演釣金龜。初十日、藥茶計。十一日、六殿。十二日、演遇后、龍袍。十七日起、在三慶園演老生、如取成都、捉放、長亭、昭關等劇、有長庚復活之稱。

王鴻壽、外號三麻子。安慶、懷寗縣人。道光三十年、庚戌、生。民國十四年、乙丑、卒。年七十六歲。初習武生、後從朱象棋學演紅淨。久在上海搭班、工老生、紅生。

京劇二百年歷史：三麻子於關劇之紅生、獨開生面、壁壘一新、世稱活關公。華容道、白馬坡、戰長沙、古城相會、水淹七軍、過五關、爲其得意之作。徽班出身、故亦長於跑城、掃松下書、梅龍鎮等徽劇。

劇學月刊近百年皮黃劇本作家：三麻子來自申江、以關劇顯名。劇本多自撰、不與京本相同。古城會一折、尚襲明古城記、知其來源甚久、非盡出新意。伶人黃九言、昔景四寶演關劇於滬上、三麻子頗得其傳。三麻子走麥城描寫名將兵敗之苦、能令武夫落淚、較寫兒女纏綿、換得一般閨秀以巾拭目者、尤難佈局。但閨秀觀此劇、亦無不哭耳。年七十餘、歿於上海、咸稱三老闆傳其遺製、京伶亦多師之、聲價之隆、不讓北之譚汪。

茹來卿、一作萊卿、又作來青、小名福兒。安徽人。同治三年、甲子、三月、二十六日生。子、錫九。孫、富蘭、富蕙。幼從朱素雲父朱小元學戲。先隸北京三慶部。繼隸春臺部。擅胡琴。工武生。

擷華小錄：萊卿習擊刺拳勇、跳盪輕捷、有倜儻不羣之概。

梨園繫年小錄：來卿習武生、入三慶、爲張長保羅七十同時人物。能戲甚多、崑亂皆精、惟演二路武生、曾搭春臺部、爲俞潤仙配戲甚久。

曹永吉、外號羊兒、安徽安慶人。同治六年、丁卯生。父文奎。光緒二十一年、乙未、二十八歲、十二月初二日隸昇平署內廷供奉。宣統二年、庚戌、四十三歲革退。工老生。

昇平署志略、外學民籍年表、及劇學月刊、梨園供奉表皆著錄。

董鳳岩、外號董生。安徽人。同治九年、庚午生。民國十五年、丙寅、卒年五十七歲。父董文。母王氏。幼在北京四喜部、投楊隆壽爲師。隸同春部。後入福壽部。宣統三年、辛亥、四十二歲、正月二十八日、隸昇平署內廷供奉。鼎革後、退出。民國八年、己未、充富連成社科班教習工武生。

梨園繫年小錄：鳳岩習正工武生、入同春班、獲盛名、後搭福壽班、爲俞菊笙配戲。

外史氏曰：繫年小錄、鳳岩籍貫闕、同治三年、甲子生。茲依梨園供奉年表。

楊小樓、名嘉訓、小名三元。安徽、懷寧縣人。光緒三年、丁丑、生。民國二十六年、卒。年六十歲。父月樓、妻周氏、周春奎之姪女。女一、適劉硯亭。外孫宗揚。幼入小榮椿科班、爲楊隆壽弟子。稍長投俞菊笙門下。十一歲出臺、先後在天津、煙臺等埠搭班。光緒二十六年、庚子、二十三歲、在京隸寶勝和部。既而又至天津下天仙園、演劇一年、聲名極盛。三十二年、丙午、二十九歲、傳進昇平署、內廷供奉。民國三年、甲寅、六月、建第一舞臺於北京。嗣至滬數次、演劇。工武生。

外史氏曰：余民國十四年、冬、在北京、曾至小樓寓所。其寓在前門外笤箒胡同、門署晉熙楊寓。晉熙爲懷寧舊郡名、宋書州郡志晉安帝分廬江、立晉熙太守、治懷寧、是也。梨園繫年小錄、以小樓爲石埭人、此大誤也。石埭在皖之南部、清代屬池州府、蓋誤石牌爲石埭耳。楊鐵遂日下看花記、亦誤石牌爲石埭。張亨甫金臺殘淚記、則誤石牌爲十牌、皆應爲訂正。按石牌鎮、在懷寧縣治西北堯年鄉、其地與灊山、太湖、望江三縣接壤。附近有瀼河石牛山等村落、楊月樓王鴻壽皆其地人、本王楊二姓也。程長庚故居灊山油坊壩、亦近石牌、故繼先嘗云「彼原爲石牌街人也」石牌鎮、清季長楓司巡檢駐焉、居皖水上流、山川蘊蓄融渾、民多俊秀、音中宮聲、卽農人亦多能高歌者。故有清一代、產名伶最夥、蓋習俗使然歟。楊小樓寓所之署晉熙、殆猶不忘故土之意也。

京劇二百年歷史：小樓幼習武生、以楊全爲師、長復委贄於俞菊笙、藝乃大進、小榮椿第二科生也。小樓藝術既破前人典型、俞菊笙與彼較、則有武而不文之憾。彼雖爲武生、能寓文於武、現在各武生以小樓爲標的雖百方揣摩、終不能升堂入室。彼所能劇、如長板坡、挑華車、鐵籠山、八大錘、豔陽樓、金錢豹、冀州城、惡虎村、殷家堡、落馬湖、連環套、狀元譜、趙家樓、青石山、混元盒、東昌府、羅四虎、金鎖陣、麒麟閣、迴荊州、四平山、水簾洞、黃鶴樓、皆其著者。此外崑劇安天會、林冲夜奔、間亦出演。

又：引小隱評云、小樓扮相英偉、說白鏗鏘有韻。舉手投足、皆具尺寸。從容穩練、絕無努力吃重之痕。妙在起落徐疾、皆能與金鼓相應。舞止樂終、不爽毫釐。其藝多由崑曲中牌場舊式化出。不似時流之猱犬其身、以跳躍爲能事。

又：引天奴氏云、小樓得乃父衣鉢真傳、又兼其師俞潤仙教誨良殷、故其武劇兼楊俞兩派之長。凡月樓、潤仙等拿手戲、渠應有盡有。然對於晉陽宮、混元盒、不輕排演。實則晉陽宮之武打、混元盒之拿火龍、皆小樓得心應手之作。

梨園繫年小錄：月樓兼善猴戲、故外號楊猴子。小樓繼承家學、又列名武生俞潤仙之門牆、亦能猴戲、故幼時即有小楊猴子之稱。

鞠譚餘瀋：楊小樓丙午至己酉、皆在津唱演、武工純熟、口白爽脆、扮相儒雅、長於靠把。

戲劇月刊（三卷六期）楊小樓之特長：一、氣度大方、軀幹魁偉。二、聲音清越爽亮、嚼字真切有味。三、文武崑亂不擋。四、道白字字從丹田中鍾鍊吐出、有擲地可成金石聲之妙。五、開打手脚乾淨、交待清楚。六、起霸、或拉架子時、英毅沈著、威武闊大。七、走邊之步法、美妙絕倫。八、上馬疾走、自然美觀。九、笑法親切、自然佳妙。十、做工脫盡火氣。十一、唱法不尙腔調、僅順字稍加拖長、而字字珠玉朗爽動人聽聞。十二、自項至踵、咸具戲味。

十三、舉手投足、咸示人以疎落大方、確合儒將風度。十四、短打靠把、各有精彩。

又：小樓之戲、可分爲以下幾類。盜御馬、落馬湖、惡虎村等戲爲一類。長板坡、戰宛城等戲爲一類。挑華車、冀州城等戲爲一類。鐵籠山、賈家樓等戲爲一類。狀元譜、麒麟閣等戲爲一類。林冲夜奔、蜈蚣嶺等戲爲一類。安天會、水簾洞等戲爲一類。豔陽樓、虮蜡廟、費德公等戲爲一類。武文華、趙家樓等戲爲一類。霸王別姬等戲爲一類。八大錘、借趙雲等戲、爲一類。鎮潭州等戲爲一類。四平山、晉陽宮等戲爲一類。

程繼仙、一作繼先、字振庭。安徽潛山縣人。同治十三年、甲戌二月二十四日、生。祖長庚。父章甫。幼在北京小榮椿科班、習文武小生、與楊小樓同科。畢業後、在恭王府當差、充戈什哈。民國二年、癸丑、重入梨園。隸雙慶社。工小生。

京劇二百年歷史：繼仙得其師楊全之真傳、得意之作、探莊、夜奔、朱仙鎮等劇、身段架子、備受識者稱賞。以小生而學問有根柢者、殆可爲第一人。扮相說白、頗似王桂官。或稱徐蝶仙、（小香）王楞仙、（桂官）繼仙、爲小生中之三仙。

伶工專記：繼先恭王府戈什哈、辛亥革命以後閑住。民國二年、重入梨園。有豐富想像力、有透達表演力、羣英會周瑜、三拉、趙寵、岳家莊岳雲、狀元譜陳大官人、八大錘陸文龍、皆彼獨一無二拿手戲。

外史氏曰：繼先能劇極多、演窮生戲如鴻鸞禧一齣、亦極佳妙。晚年爲小生角色泰斗、近二十年來、凡習小生者、無不叩門請業、殆與王瑤卿之爲旦色老師宿學、同一地位焉。

李壽峰、名成林、字伯華、小名六兒。安徽、徽州、祁門縣人。同治二年、癸酉、正月、初三日、寅時生。民國七年、戊午、十月、十三日、戌時、卒。年六十六歲。弟壽山、福山、鑫甫。妻安氏。子三、鳳鳴、盛蔭、盛藻。光緒三年、丁丑、十四歲、入四箴堂三慶科班、初學崑弋小生、後學文武崑亂老生。工武老生。

京劇二百年歷史：壽峰兼演崑劇、同學者皆服其學之博。

李鑫甫、字壽臣、又字季華、小名庫兒。安徽、祁門縣人。光緒九年、癸未、生。民國六年、丁巳、卒。年三十五歲。工老生。

京劇二百年歷史：鑫甫才兼文武、翠屏山、劍峰山、洗浮山等劇、有名聲、變後、常演武劇。

楊長喜、安徽、桐城縣人。光緒九年、癸酉、生。隆壽次子。妻方氏。子盛椿。幼在小榮椿、小天仙兩科班學戲。光緒三十一年、乙巳、隸昇平署、齣斗內廷供奉。

工武生。

戲劇月刊伶史：天仙解散後、長喜乃赴外埠搭班演唱、年未弱冠、聲名飛騰。清廷聞其爲隆壽子、傳入宮演弄龍燈、身段活潑、如龍舞天空、令人眼花撩亂。

昇平署志略外學民籍年表：觔斗長喜、二十四歲、光緒三十一年、補進。

夏月珊字石橋、安徽懷寧縣人。奎章第三子。生卒未詳。幼承家學。民國初在上海建新舞臺、編排連臺戲。又創梨園公所。工武生。

戲劇月刊伶史：月珊工靠把戲、獨木關、定軍山、後編排濟公活佛一劇、月珊扮濟公、頗得美譽。又排全本查潘鬬勝、扮潘梅溪、極滑稽能事。

夏月潤字雲礎、小名泉兒、安徽懷寧縣人。生卒未詳。奎章第八子。妻譚氏、即譚鑫培之女。子、蔭培。幼承家學。十餘歲出臺。同兄月珊在上海創新舞臺、及救火會。任伶界聯合會會長。後隸第一舞臺。工武生。

伶史：月潤十幾歲出臺、演渡黃河、探莊、乾元山、有時演老生靠把戲、二十歲以後、於挑華車、長板坡、連營寨、冀州城、最爲拿手。短打惡虎村黃天霸、茂州廟謝虎、花蝴蝶花冲、都能出人頭地。排六張棹於臺上、躥跳如飛、非常干淨、欄干上工夫更非他人所能及。在第一舞臺演紅生戲、過五關、走麥城、頗得好評。上海同文報菊榜第一。

梨園影事：月潤黃派著名武生也。扮相英俊、武工穩練、爲南方武生中之第一人。花蝴蝶一劇、能跳七張棹子、故每貼是劇、輒必萬人空巷。

茹錫九、一名湘泉、小名庫兒。安徽人。生卒未詳。幼承家學。隸北京福壽部。工武生。

菊臺集秀：庫兒名湘泉、係三慶武生茹來青之子、唱武生。演戲有泗州城無底洞、乾元山等劇。

姚寶森名春成。原籍安徽亳州人。生卒未詳。增祿長子。幼在北京寶勝和班學戲。後隸斌慶社。工武生。

京劇二百年歷史及伶史皆有傳。

楊德雲號雅仙、一字蕙仙、小名四兒。安徽合肥縣人。生卒未詳。父桂慶。兄貴雲。妻姚氏、即姚佩秋之姑母。幼在北京學戲。光緒六年、庚辰武榜列名第五。工武生。

瑤臺小錄：蕙仙兄朵仙、以冶名震都下、德雲與之異趣、英爽豪邁、不事修飾、演李存孝一齣最工。

楊毓麟字孝方、號幼朵、一作又朵、行三。安徽合肥縣人。德雲嗣子。生父貴雲。子寶森。幼習小生、兼工花面。工武生。

梨園繫年小錄：桂雲次子毓麟、又名三官、出繼德雲爲嗣。
菊臺集秀：又朵唱小生、兼花面戲、有鐵弓緣、鎖五龍。
余叔岩名第祺、字小雲、又名小小余三勝。原籍安徽灊山縣人。光緒十六年、庚寅十月十七日、生。紫雲第三子。妻陳氏、卽陳德霖之女。幼從吳連奎習戲。繼從姚增祿問業。又投譚鑫培門下。出臺後、至天津搭班最久。民初歸北京、在新民、開明等戲院演劇。工老生。
杏林擷秀：小雲、余紫雲子。輕倩合度、氣宇超羣、唱鬚生。白雪陽春、調高響逸、如劉越石吹笳、悲壯蒼涼、令人興起。又如禰平正裸衣對客、漁陽三撾、淵淵有金石聲。每當筵一曲、四座羣傾、而耳垣之屬、觀止同聲、有推倒一時之概焉。
鞠部叢譚：叔岩少時嗓音之清亮、無與倫比、在天津時聲名藉甚。能戲一二百齣，皆宗老譚。常有冷僻之戲，他人所不能演者，皆能之，名乃益振。

京劇二百年歷史：叔岩嗓音極弱，不能與譚比，然其才兼文武，容貌儒雅，長於做白，與楊小樓、梅蘭芳三分天下。得意之劇，爲定軍山、打棍出箱、南天門、天雷報、南陽關、盜宗卷、寧武關、珠簾寨、擊鼓罵曹、打漁殺家等，均純譚派劇也。

鞠譚餘瀋：叔岩幼卽出人頭地，在津最久，其嗓音之弱，實此數年唱疲所致。然值鬚生零落之際，能獨樹一幟，文武皆有，崑亂不擋，是宜曲諒而維護之。

余卓夫，名勝孫，原名一鶴。原籍安徽、灊山縣人。余叔岩之弟。幼從姚增祿、吳連奎、王福壽等受業。後師周子衡。工老生。

京劇二百年歷史：卓夫研究程長庚聲調、迥異時派。

張鳴才、安徽人。民國十七年、己巳、卒。張二奎之孫。幼在北京入鳴盛和科班、與李鳴玉齊名。後與高慶奎、梅蘭芳、程硯秋配戲、工老生。

京劇二百年歷史：鳴才唱做均守繩墨、在京爲畹華玉霜配戲、聲譽與張春彥埒、而穩練過之。

伶史：鳴才嗓音清朗、對於靠把戲、尤有研究。

楊寶忠、號信臣、小名大套、又名小小朵。原籍安徽合肥縣人。生年未詳。父、小朵。初從張春彥學戲。後拜余叔岩爲師。宣統三年、辛亥、隸北京天樂、文明兩園。民國二年、癸丑、出演天津。十三年、甲子、至滬、隸丹桂第一臺。工老生、

鞠部叢譚：小小朵唱鬚生、殊高亮。民國三年、在文明園、頗爲衆所賞、至欲與王鳳卿爭戲碼。律中以重資聘之、不久倒嗓、今漸能唱。

京劇二百年歷史：寶忠淸末在天樂、文明兩園、以斬子、捉放、爲世所知。

李榮昇、名鳳翔、又號小山。原籍安徽、祁門縣人。光緒二十七年、辛丑、生。李壽山之子。工老生。

京劇二百年歷史：榮昇學劉鴻聲、次於高百歲。

李菊笙、名鳳鳴、原籍安徽、祁門縣人。生年未詳。李壽峰長子。初在北京習老生。後改武生。工武生。

京劇二百年歷史：菊笙初習老生、不成、入范福泰之門、改學武生、豔陽樓、挑華車、鐵籠山、水簾洞等劇佳。

余小琴、名文濤。安徽、濳山縣人。生年未詳。余玉琴之長子。幼入小福壽科班。工武生。

京劇二百年歷史：小琴豐額隆準、豔陽樓、惡虎村等劇佳。

茹富蘭、字子峰。安徽人。光緒二十八年、壬寅、生。祖、來卿。父、錫九。民國三年、甲寅、入北京富連成社科班、初習小生。出科後、在北京演劇。工武生。

京劇二百年歷史：林屋山人云、茹富蘭滿科後、專習武生、既有家傳、又得楊小樓諸名工指授、是以藝術益工。先是乃祖善五聖刀、五聖刀劇中所舞單刀也。惟乃祖與老譚最工、今富蘭能傳家學。又云、十歲以前、注重武生、京派以楊小樓爲首、津派以李吉瑞稱雄、今則風氣漸變、小樓外無爲世重者矣。後生輩崛起有名者、無如富蘭、富蘭初習小生、有風流儒雅之致。奇雙會及周瑜劇、其所長也。既而武工純熟、雅觀樓、八大錘等、尤名於時。

吳鐵菴、字書雲。原籍安徽人。光緒三十年、癸卯、生。民國二十一年、壬申、八月、初十日、卽舊曆七月、初九日、卒。年二十九歲。宣統二年、庚戌、七歲、在北京從名琴師王雲亭學戲。又從賈洪林、王月芳問業。工老生。

梨園繫年小錄：鐵菴二十歲倒嗓、二十六歲復原。

京劇二百年歷史：鐵菴九歲時登臺、大受歡迎、有神童之目。厥後請教於賈洪林、藝益進。李陵碑、桑園寄子、洪羊洞、武家坡、賣馬、硃砂志等劇、均所擅長。

伶史：鐵菴十四歲、在各戲園堂會走票、羣英會、爲龍院、珠簾寨最拿手。道白運腔、扮相臺步和做工、都不弱。

王斌芬、名家麟。安徽人。光緒三十年、癸卯生。民國十五年、丙寅、卒。年二十三歲。幼在北京斌慶社科班。滿科後、赴滬、隸天蟾舞臺、工老生。

京劇二百年歷史：斌芬嗓音頗佳、研究劉鴻昇派、得意劇爲斬黃袍、戰長沙等。演於上海天蟾舞臺約有二年、本年（民十五）二十三歲、病歿。

聘楊孝方女。未娶。

外史氏曰。梨園繫年小錄、斌芬生於民國二年、癸丑、卒於十四年、乙丑、計其年、不過十二歲、實大誤。茲據京劇二百年歷史改正之。

姚富才、原籍安徽亳縣人。生年未詳。祖增祿。幼入北京富連成社科班。工武生。

梨園繫年小錄、附見姚增祿傳內。

方寶泉、原籍安徽、合肥縣人。生年未詳。父、秉忠、同光時名笛師。兄、寶泉。在北京科班出身。工老生。

梨園繫年小錄、附見方秉忠傳內。

夏蔭培、安徽懷寧縣人。光緒三十四年、戊申、生。祖、奎章。父、月潤。外祖、譚鑫培。幼從王月芳習戲。工老生。

楊寶森、字鍾季。原籍安徽、合肥縣人。光緒三十四年、戊申、生。父、孝方。幼在北京從張秀華學戲。後入斌慶社科班。工老生。

梨園繫年小錄、有傳。

京劇二百年歷史：寶森學余叔岩、有小叔岩之稱。南陽關、定軍山、武家坡、打漁殺家、四郎探母、打鼓罵曹等劇佳。

李盛斌、原籍安徽、祁門縣人。宣統三年、辛亥、生。富連成社科班第四科生。工武生。

梨園繫年小錄著錄。

李盛蔭、名鳳桐。原籍安徽、祁門縣人。生年未詳。李壽峰次子。富連成社第四科生。工老生。

梨園繫年小錄著錄。

戲劇月刊紀富連成科班：李盛蔭、擅奇雙會之李奇、海朝珠之余福、甘露寺之喬閣老。

李盛藻、名鳳池，原籍安徽、祁門縣人。民國七年、壬子生。父、壽峰。富連成社科班第四科生。工老生。

梨園繫年小錄著錄。

紀富連成科班：李盛藻、壽峰之第三子、高慶奎之甥。鬚生正劇、無不能之。初法高慶奎、如瓊林宴四平調、高唱入雲、近因嗓倒、遂一以馬連良爲歸。四進士、借東風、胭脂褶、狀元譜、審頭刺湯、盜宗卷、天雷報、八大錘、爲最拿手。念白尤蒼勁，

楊盛春、原籍安徽、桐城縣人。生年未詳。祖、隆壽。父、長喜。梅蘭芳之表弟。富連成社科班第四科生。工武生。

紀富連成科班：楊盛春能劇甚多，尤長於靠把，以鐵籠山、豔陽樓、八大錘、麒麟閣、狀元譜、神亭嶺、挑華車、長板坡最爲拿手。金鎖陣、連環陣、南陽關亦佳。非靠把戲，以乾元山、反五關之哪吒，金山寺之伽藍及八大拏之黃天霸爲最著。扮像頗偉，其實身材不大，而眉目奕奕有神。兩狼山之韓世忠、火燒一場，亦好。

皖優譜卷三

天柱外史氏撰

旦譜

外史氏曰：漢書郊祀志：「匡衡張譚奏議云、紫壇僞設女樂。」明楊用修丹鉛錄、李日華紫桃軒雜綴、咸認此爲戲曲中裝妲之始。鹽鐵論散不足第二十九「繡衣戲弄、蒲人雜婦、百獸馬戲、唐緤追人、奇蟲胡妲。」方以智通雅以「胡妲、卽漢飾女伎、今之裝旦。」此皆漢代飾伎故事也。其後魏齊王芳日延小優郭懷、袁信、於廣望閣下、作遼東妖婦、見裴松之三國志註。周宣帝好令城市少年有容貌者、婦人服而歌舞、相隨引入後廷、與宮人觀聽、見隋書音樂志。唐咸通以來、有范傳康、上官唐卿、呂敬遷等三人、弄假婦人、見樂府雜錄。此皆前代裝妲之史實也。

按妲省文作旦、廣韻妲、得案切、音旦、義同。字始見於周密武林舊事。清季長沙楊恩壽詞餘叢話：「自北劇興、男曰末、女曰旦、南曲雖稍更易、而旦之名、不改、不解其義。遼史樂志大樂有七聲、謂之七旦。又有四旦、二十八調。所謂旦者、司樂之總名、金元相沿、遂命歌伎領之、後改爲雜劇、不皆以倡伎充旦、則以優之少者爲女、漸失其真。」此一說也。王國維古劇脚色考據隋書音樂志七旦之名、（一曰娑陁力、二曰鷄識、三曰沙識、四曰沙侯加濫、五曰沙臘、六曰般贍、七曰俟利。）駁楊氏之說、謂「殊屬杜撰、全無根據。」但彼却以爲「卽使旦之名、果出於遼、則或由婦人多用四旦之某旦。而曰娑陀力、曰鷄識、本爲譯言、伶人所不能識、故後略稱旦耳。此想像之說、或較楊氏爲通。要之旦名之所本、雖不可知、然宋金之際、必呼婦人爲旦。故宋雜劇有裝旦。裝旦之爲假婦人、猶裝孤之爲假官也。」此又一說也。上二說雖無確證、然與方氏通雅說相通。胡姐由胡之所出、固無疑也。即魏時遼東妖婦之妝、亦是效東胡之戲耳。較之明寧獻王太和正音譜「當場之妓曰狚、狚、猲之雌者也。名曰猵狚、其性好淫、俗訛爲旦。」周祈名義考「旦者狚也、猵狚也、莊子、猿猵狚以爲雌。」徐渭南詞敍錄「宋伎上場、皆以樂器之類置籃中、擔以出、號曰花擔、今陝西猶然、後省文爲旦。」胡應麟莊嶽委談：「婦宜夜、而命以旦也。」王棠知新錄「扮婦人者謂之狚、又與獮通。莊子、猨猵狚以爲妻。東廣微云、猨以獮爲婦。蓋喻婦人意、遂省作旦。」諸家之說、不徒茫如捕風、且近狎邪、而楊氏王氏實爲高明雅言矣。且可徵旦亦出於裔樂之名也。近見劇學月刊、三卷、六期。有王芥輿君戲劇脚色得名之研究一文、於脚色殊無考證、惟謂、「旦得名之始、必係姐字之誤。緣青衫所扮爲小姐、或大姐、詞中略署爲姐、後更略爲旦。但此輩（按指伶人）皆不學之徒、亥豕之訛、所不能免。」不知何時誤書爲旦・亦猶今日呼貼（按指貼旦）爲占・書副（按指副淨）爲付・之例。日久相沿・以訛成真・遂真呼爲旦矣。又按旦古亦作妲・或這妲・裝妲。妲姐字相類・或者由姐誤妲・由妲略成旦・亦未可知。所謂古美人鄭旦・或妲己而得名・殊屬附會。」實不爲無見。余亦嘗有此推測・據宋吳曾能改齋漫錄・「婦女以姐爲稱。說文曰・嫿字・或作姐・古假借字也。近世多以女兄爲姐・蓋尊之也。按魏繁欽與文帝箋曰・自左騏・史妠・謇姐・名倡。魏志曰・文帝令杜夔與左騏等于賓客之中・吹笙鼓琴。李善注・史妠・謇姐・蓋亦當時樂人。以是知婦人稱姐・漢魏已然矣。」又據嵇康琴賦・「或怨嫿而躊躇・」嵇康幽憤詩・「恃愛肆嫿・」說文嫿・嬌也・朱駿聲說文通訓定聲・說文無嬌字・徐鍇本・作驕・是也。就上說證之・余以爲妲卽姐之錯文・而誤其筆畫・後又省之爲旦。裝姐實從婦人之通稱・且與嬌義相得。此正如貼旦・今省書爲占旦・字形與音讀皆變之矣）後世不明其義・又將不知如何考正・此正坐文人好從深文與義探求・乃反被俗工所誤耳。如元曲元刻本（元刻古今雜劇三十種原刊石印本）婆娘之娘・作奴・鴇兒之鴇・作卜・舊作旧・能作㠯・等等減筆俗字・不一而足・幾乎開卷不能卒讀・是亦一證也。此雖余推測之說・似不能謂全無根據・故備錄於此・以資參考。

揚州畫舫錄、江湖十二脚色、旦有老旦、正旦、小旦、貼旦、四人、謂之女脚色。茲謹依現時戲劇角色名目、分爲五類、曰老旦、曰正旦、曰小旦、曰花旦、曰武旦。莊嶽委談謂：「小旦卽副旦、以墨點破其面、謂花旦。」今已不如此。元曲老旦謂之卜旦、今亦無人道之。其青衣旦、即正旦、閨門旦、即小旦、風流旦、玩笑旦、貼旦、兼刀馬、即花旦。搽旦、彩旦則由丑兒串演、不更列矣。

高月官、字朗亭、安慶人。乾隆三十九年甲午生、幼在杭州、揚州演戲。乾隆五十五年庚戌、十七歲、以安慶花部入都祝釐、實爲北京皖優開山鼻祖。嘉慶八年癸亥、三十歲、小鐵笛道人贈詩二首。三慶部掌班、精忠廟會首、安慶義園董事。工花旦。

揚州畫舫錄：朗亭入京師、以安慶花部合京秦二腔、名其班曰三慶。

聽春新詠別集：蓮官得魏婉卿之風流、高朗亭之神韻。註云高朗亭名月官、三慶部、工儍子成親。

日下看花記：月官姓高、字朗亭、三十歲。(嘉慶八年、癸亥。)現在三慶部掌班、二簧之耆宿也。一上氍毹、宛然巾幗、一顰一笑、描摹雌軟神情幾乎化境。卽凝思不語、或詬誶譁然、在在聳人觀聽、忘乎其爲假婦人。豈屬天生、未始不由體貼精微而至。後學循聲應節、按部就班、何從覓此絕技。又贈詩云、花游記得杭州樂、惜未相逢英妙時。註云、高幼在杭州。

衆香國：高朗亭爲徽班老宿、膾炙梨園、演劇時絕少。然偶然登場、語言體態、酷效半老家婆、眞覺耳目一新、心脾頓豁。

外史氏曰：辛壬癸甲錄、乾隆五十五年、三慶徽入都祝釐、爲徽班入北京始。高朗亭實領袖之。聽春新詠撰於嘉慶八年、據云三十歲、逆推其入北京時、正十七歲、蓋生於乾隆三十九年甲午也。又據嘉慶二十年、乙亥、北京精忠廟重修喜神殿碑記題名、會首高朗亭。計是年爲四十二歲。至道光七年、丁亥、重修安慶義園關帝廟碑記題名、董事高朗亭、計至是年已五十三歲矣。（安慶義園在北京崇文門外四眼井・亦名戲子墳。）卒於何年、未詳。

郝天秀、字曉嵐。安慶人。生卒未詳。乾隆五十一年、丙午、在揚州隸春臺班、趙翼贈七古一首。工花旦。

揚州畫舫錄：江鶴亭徵本地亂彈名春臺、不能自立門戶、乃徵聘四方名旦、如蘇州楊八官安慶郝天秀、採長生（卽魏長生字婉卿、四川人。）之秦腔、幷京腔中之尤者、如滚樓、抱孩子、賣餑餑、送枕頭之類。于是春臺班合京秦二腔矣。又曉嵐柔媚動人、得魏三兒之神、以坑死人呼之、

趙雲松有坑死人歌。

外史氏曰：趙雲松甌北集、丙午、在揚州、有坑死人歌爲郝郎作。其中有句云：「遂令天下父母心、不重生女重生男、因以得佳號坑人死、滿城噪。」其聲容震動一時可見也。

李福齡、一名金官。安慶人。生卒未詳。乾隆五十九年、甲寅、在北京、隸集秀部。

工花旦。

消寒新詠：金官比芙蓉鶿鴣戲目、善演少華山、檢柴、學堂、打餅、斷機、陣產、水鬪、斷橋、思春、撲蝶、連相。消寒新詠：撰於乾隆五十九年：甲寅。

魯龍官字雲卿。安徽懷寧縣人。乾隆四十九年、甲辰生。嘉慶七年、壬戌、十九歲、七月歸里完姻。八年、癸亥、夏返京。小鐵篴道人贈詩四首。十年、乙丑、二十三歲、來青閣主贈集句一首。隸三慶部。工小旦、花旦。

日下看花記：壬戌春、見其審錄十分哀豔。嗣演醉閣、細落歌珠、輕迴舞袖。客秋雲卿宴客於梨園、余諾朗玉之約、往一通問。蓋劉郎與雲卿如兄如弟也。迨欲訪之、已歸棹矣。贈詩註云：魯郎以完姻暫歸、今夏復自南來、藝進於前。近見海公案內扮店家婦、青裙窄袖、風趣橫生。贈詩四首。

片羽集：會龍官廿二歲。嘉慶十一年、辛卯、有贈會雲卿集句七律一首。

衆香國：余壬戌入都時、梨園之最著者、劉朗玉外、競推雲卿、（劉朗玉順天人、魏長生之徒。）演玉堂春、背娃、打杠、諸劇。

陳二林字意卿。安徽懷寧縣人。乾隆五十一年丙午、生。嘉慶八年、癸亥、十八歲、小鐵簃道人贈詩四首。九年、甲子、十九歲、讀性命圭旨。十年、乙丑、二十一歲、來青閣主贈集句一絕。十五年、庚午、二十五歲、菱門居士贈七律一首。隸北京春臺部。工花旦。

日下看花記：初見意卿打番、打鴈、宛肖當年秏子登場。（燕蘭小譜、于永亭俗號秏子。）演遇妻、踢球、頗風趣。扮花蕊夫人、翩翩書記思落含毫掃眉才子、何減名士風流。又近有蠡湖散人、燕臺校花錄、標陳郎爲冠。

聽春新詠別集。陳意卿、皖江人。甲子、春、余於友人寓齋見其手性命圭旨一卷津津樂道。別離五載、丰韻猶存、知其內景功深、能盛顏久駐也。打雁、拋球諸劇、爲卿所最自矜許者、殆可與吳大保之殺四門、徐才寶之占花魁幷傳矣。

衆香國：意卿演花鼓、遇妻諸劇、儼然一村粧婦人、不假修飾、而於布素中特饒俊俏。近則技藝日進。

劉彩林、字琴浦。安徽人。乾隆五十年、乙巳、生。嘉慶八年、癸亥、十九歲、小鐵篴道人贈詩四首。十年、乙丑、二十一歲、來青閣主贈集句一絕。隸北京四喜部。工花旦。

日下看花記：初見琴浦軍門產子、捉姦、服毒。近見演玉鴛鴦、胭脂、絕佳。

聽春新詠別集：劉彩林、字琴浦。安徽人。工劇甚多、而扮演蕭后打圍、跌坐瑤臺屏、珠環翠繞、恰肖當年氣象。琴浦爲人、頗有俠氣、愛其徒滕蘭茗、尤爲篤摯。芳草詞人賦七律八首贈之、一時傳爲絕唱、今其詩已軼。衆香國：彩林年近三十、而丰采尚都、四喜部中究是翹楚特出者。崑調秦腔、兼擅其技、佳劇之多、較郝啓桂殆有過之。諸伶中如數多寶船定當以琴浦爲首。

產百福、字春山。安慶人。乾隆五十二年、丁未生。嘉慶八年、癸亥十七歲、小鐵篴道人贈詩二首。十年、乙丑、十九歲、來青閣主贈集句一絕。初隸北京三慶部、繼入四喜部。工花旦。

日下看花記：百福靈牙利齒、音調清圓。初見打番一齣、嗣演探親、扮鄉間女兒、倚懷而哭、情態極佳。近見其花鼓一齣、點如白雨、腰如青陽、允堪獨冠。

片羽集：產春山、名百福、藹然可親、所與遊者無俗客。

王錦泉、又名翠林、字秀峰。安徽懷寧縣山橋鎮人。乾隆四十九年、甲辰、生。嘉慶八年、癸亥、二十歲、小鐵簃道人贈詩四首。又別贈四首。善畫蘭。初隸北京慶喜部、繼入春臺部。工花旦、武旦。

日下看花記：翠林崑亂俱諳、跌撲便捷、工小調、能吳語、音律亦精細清圓。初在慶喜部、見其斷橋、扮小青、及湖船。其軍門產子、琵琶洞、一枝梅、尤爲高下共賞。新舊劇內、數見登場、錦襠繡袴、骨飛肉騰。善畫蘭、一室之內、無非卷軸、蘭筆娟秀、近更蒼勁。三秋題咏墨蘭盈卷、標曰蘭秋小詠、壺天大隱序而梓之。又餐花小史爲秀峰作盪湖船歌、傳誦于時、刊入藥吟蘭詠。

江金官、字毓秀、亦字秀南。安慶人。乾隆四十九年、甲辰、生。嘉慶八年、癸亥、二十歲。始入京師。小鐵篴道人贈詩四首。十年、丁丑、二十二歲、來青閣主贈集句一絕。隸三慶部。工花旦。

日下看花記：金官新到京、擅場之藝頗多。初演打洞、審錄。崑亂梆子俱諳、音亦清亮、圓轉自如。思春極佳。近演殺齋、辭閣、亦極妙。

花間笑語：三慶部江金觀、秀南、色藝皆優、不在陳銀官之下。曾見鶯花詞客、訪秀南詩云：「豔絕瓊枝迥出羣、皖江山色楚江雲、牟珠一串銷魂曲、書徧羊欣白練裙。」想見其人風采。

片羽集：慶林、祥林、皆江秀南弟子。

陳桂林、字小山。安徽、懷寧縣人。乾隆五十年、乙巳、生。嘉慶八年、癸亥、十九歲、小鐵篴道人贈詩五首。是年、春餐花小史贈畫梅便面。十年、丁丑、二十一歲、來青閣主贈集句一絕。隸北京春臺部、精崑曲、工花旦。

日下看花記、小山獨占、蝴蝶夢、最所擅場。劈棺一齣、描寫倉皇驚愕神情聲容逼肖。獨占至秉燭入幃時、情態殊佳。雖逮花部、覃精崑曲、堪爲雅部名伶。近見其英雄譜扮霍小姐、又勝於劈棺矣。

駱九林、字琴仙。安慶人。乾隆五十三年、戊申生。嘉慶八年、癸亥、十六歲、小鐵篴道人贈詩三首。十年、丁丑、十八歲、來青閣主贈集句一絕。隸北京春臺部。工花旦。

日下看花記：初見九林演游湖、借傘。嗣演檢柴、情態尤妙、日落荒郊、青驄已去、潸然出涕、裊裊哀音、臨風自訴、倍足動人。近演白蛇傳內諸齣、亦妙。

片羽集：琴仙嗜畫、嘗倩余乞木石山人寫生。

汪貴笙、字仙林。安徽、懷寧縣人。乾隆五十年、乙巳、生。嘉慶八年、癸亥、十九歲、秋、入京師、小鐵篴道人贈詩三首。隸三慶部。工花旦。
日下看花記：仙林癸亥秋閒入都、演戲鳳掃花等齣、觀者交口稱賞、初寫黄庭、恰到好處。

陳翠林、安慶人。生卒未詳。嘉慶八年、癸亥、在北京、隸集秀部、擅崑曲。工花旦。
日下看花記、附見王三林傳內。

李福林、字蘭軒。安慶人。乾隆四十七年、壬寅、生。嘉慶八年、癸亥、二十二歲、小鐵篴道人贈詩三首。善畫蘭、在北京隸三慶部。工花旦。
日下看花記：初見福林白蛇傳諸齣極佳。嗣演昭君出塞、西游記女兒國及打餅等劇、亦俱盡態極妍、出塞尤妙所擅場。或曰、蘭軒亦善畫蘭。

劉鳳林、安慶人。乾隆四十九年、甲辰、生。嘉慶八年、癸亥、二十歲、小鐵篴道人贈詩三首。隸北京四喜部。習崑曲。工小旦。

日下看花記：初見鳳林思凡、韻尚清圓、復見偷詩一齣、聲音體態、再見增佳。

李雙喜、字蘭亭。安慶人。乾隆四十一年、丙申、生。嘉慶八年、癸亥、二十八歲、小鐵篴道人贈詩二首。隸北京三慶部。工武旦。

日下看花記：雙喜爲人端重寡言、潛心習藝、打店跌撲、身輕如一鳥。過宛城一戰、尤堪叫絕。

蘇小三、字文廣。安慶人。乾隆三十六年、辛卯、生。嘉慶八年、癸亥、三十三歲、領角色入都、小鐵篴道人贈詩二首。隸北京三慶部。工武旦。

日下看花記：小三初不甚著名、苦心習藝而成、今則居然名伶矣。崑亂俱妙、跌撲矯健自由、其演小金錢、背負劉郎、歌音激楚、蓉鍔霜飛。年雖加長、是徽部中未易才也。時小三初領脚色來都。

陳榮官、字榮珍。安徽、太湖縣人。與王秀峰爲中表親。乾隆四十五年、庚子、生。嘉慶八年、癸亥、二十四歲、小鐵篴道人贈詩四首。精圍棋、善崑曲、隸北京春臺部。工花旦、武旦。

日下看花記：榮官有皮絃、四門、喂藥、賞花、打店諸劇。崑曲亦工、精細合律。跌撲輕矯便捷。與秀峰中表親、同處一室。精圍棋、二妙悠然相對、非吮墨揮毫、即展枰落子。

何聲名、安慶人。乾隆三十九年、甲午、生。嘉慶八年、癸亥、三十歲、與高朗亭同庚、小鐵篴道人贈詩三首。隸北京春臺部。精崑曲。工正旦。

日下看花記：聲名身躋花部、藝專雅奏。余觀春臺劇最多、聲名凡所擅場、俱經寓目、周規折矩、音律精細、恪守粲溪風範、後學允堪奉爲圭臬。近演諫父一齣、叩之吾鄉老伶工、應無間言。

楊雙官、名天福、別號小艭。安慶人。乾隆五十年、乙巳、生。嘉慶八年、癸亥、十九歲、小鐵篴道人贈詩二首。隸北京四喜部。工花旦。

日下看花記：天福演劇、在淡中取態、其味當於雋永處求之。如背娃一齣、自魏三擅場後、步其武者、工顰妍笑、極妍盡致。天福輕描淡寫、活像三家村裏當家婦、臉不畏羞口能應肆、可謂一洗時派矣。

衆香國：小艭演背娃、胭脂、打洞、拜月、諸齣俱能擅場。梨園中半解小曲、小艭則多而善、以其體裁纖小、工小曲、故別號小艭。

孫金官、安慶人。乾隆五十年、乙巳、生。嘉慶八年、癸亥、十九歲、小鐵篴道人贈詩二首。隸北京春臺部。擅武技。工正旦。

日下看花記：金官不工妍媚、演香閨婉淑、落落大方、所謂大家舉止、自有一種富貴福澤之像、不必妖姣娬媚也。武技亦佳。

楊亨齡、字玉卿。安慶人。乾隆四十九年、甲辰生。嘉慶八年、癸亥二十歲、小鐵篴道人贈詩二首。隸北京春臺部。工花旦。

日下看花記：玉卿擅場、有桂花亭劇、狐香一齣、亦偶然演之。

產太林、字雨香。安慶人。乾隆五十二年、丁未生。嘉慶八年、癸亥十七歲、小鐵篴道人贈詩二首。隸北京春臺部。工小旦。

日下看花記：雨香師得高傳、故身段唱白、頗極微妙。園會佳期、寄柬等齣、楚楚可觀。近因喉變、久不登場。

蔣天祿、一名添祿、字韻蘭、亦作詠蘭。安慶人。乾隆五十六年、辛亥生。嘉慶八年、癸亥、十三歲、小鐵篴道人贈詩四首。十年、乙丑、十五歲、來青閣主題小影集句七律一首。十五年、庚午、十八歲、芳草詞人贈詩二首。初由啓秀部入四喜部、繼入和春部。十一年、丙寅在三多部。十五年、庚午、隸三和部。工小旦、花旦。

日下看花記：韻蘭由啓秀入四喜部、初見借茶、登場不如下場、祗宜閨門旦、不宜花旦。

片羽集：韻蘭在和春部。

衆香國：韻蘭現在三多部、技工而富。向隸和春部、韻蘭爲巨擘。

外史氏曰：看花記、韻蘭作揚州人、余據道光七年、丁亥、重修安慶義園碑記題名、定爲安慶人。

史秀林、安慶人。乾隆五十六年、辛亥、生。嘉慶八年、癸亥、十三歲、小鐵篴道人贈詩二首。隸北京玉慶部。工小旦。

日下看花記：秀林雙蝶、描容數齣、悲懽情態、曲盡其妙、音亦玉潤珠圓。

錢財林、安慶人。乾隆五十六年、辛亥、生。嘉慶八年、癸亥、十三歲、入京師、小鐵篴道人贈詩二首。隸北京玉慶部。工花旦。
日下看花記：財林初到。見其寄東頗佳。
章喜林字杏仙。安慶懷寧縣人。乾隆五十六年、辛亥、生。嘉慶八年、癸亥、十三歲、小鐵篴道人贈詩二首。十年、乙丑、來青閣主贈集句七律一首。十五年、庚午、二十一歲。隸四喜部。先隸玉慶部。工花旦。
日下看花記：喜林異秀林之活潑、財林之馴謹。見其於漢宮春曉內、扮敕配吐蕃、王昭君廟投水一回、聲容激楚、非童伶中所能及。
片羽集：喜林、安徽、懷寧人、現在四喜部。
衆香國：喜林、字杏仙、性沉默、寡言笑、風姿挺秀、不肯脂韋隨俗。
聽春新詠：近時見演相約、討釵兩劇、不作媒婆身段、卽爲惡婢情形、其中吞吐難言之隱、憤激莫訴之神、終未傳出。惟杏仙能做到恰好處。至演殺惜、則狀彼咆哮使人髮指。打櫻桃、則恣其調笑能事、讓其獨步、名下無虛。

曹升官、安慶人。乾隆四十年乙未生、嘉慶八年癸亥、二十九歲、小鐵篴道人贈詩二首。先隸春臺部、未幾出都。習崑曲工武旦。

日下看花記：升官姿貌爽朗、歌音條暢、蹈蹻跌撲、鸞飛鴻翥、霞駭錦新、武旦中能品也。習見其擂臺打店、目眩神馳、星流電掣。間演雅劇、斂容赴節、按律宣音、說白亦清緊動聽。然無道之者、不久即懷其技他去。

朱大翠字素屏、外號美人蕉。安慶人。乾隆四十年乙未生、嘉慶八年癸亥、二十九歲、小鐵篴道人贈詩二首。隸春臺部兼掌班事、未幾出京。工武旦。

日下看花記：大翠、百花點將、翠雲樓、跑馬、賣械、夙所擅場、與江月芬同師、喜與翰墨爲緣、有王夷甫之風、口不言錢、梨園中有心人也。屢從公會席上見之、神情靜穆、體態溫和、素蒙美人蕉之喻、惜未見盛年。才得相逢、已被一聲子規催春去矣。

程春林、字杏仙。安徽、安慶人。乾隆四十年、乙未生。嘉慶八年、癸亥、二十九歲、小鐵篴道人贈詩二首。在北京所部未詳。工花旦。

日下看花記：杏仙已動春色飄零之感、性嗜酒倡予和汝、淺斟細酌、較諸睹曲旗亭、不啻霄壤。今久不見其到園、想廢然而返矣。

楊鳳翔、安慶、石埭人。（當是石牌之誤）乾隆四十三年、戊戌生。嘉慶八年、癸亥、二十六歲、小鐵篴道人贈詩四首。初在山東崑部、旣而入京師、隸春臺部。未幾、復出京。精崑曲、工花旦。

日下看花記：鳳翔舊隸春臺部、前在山左擅名於時。崑部之曲頗多、近演磨房串戲、觀者稱佳。嗣演吹簫引鳳、和番等劇、尤爲出色。音律恪守梁溪規範、猶存正始之音、仍復參用時妝、不違衆好。今散去。
外史氏曰：安慶懷寧縣西北鄉、有石牌鎮、舊名宜塘、距縣城九十里。鎮分上下街、市面繁盛、洪楊後、頗凋落。灊山、太湖、望江、宿松、皆以此爲通道。皖優多產於是地。石埭縣名、清季屬池州府、在江之南岸、與安慶實不相涉也。詳見生譜。

陳金彩、一名小元寶。安慶人。生卒未詳。爲潘巧書弟子、嘉道間與汪雙林、孔德喜齊名。道光二十一年辛丑、在北京任三慶部掌班、安慶義園監修工花旦。
辛壬癸甲錄：潘巧書之徒、曰陳金彩、汪雙林、孔德喜、皆擅時名、各擅勝場、至今十餘年後、談之者尚津津然、齒頰有餘芬、當日風流、令人神往。今惟陳金彩享盛名、即三慶部掌班小元寶者、是也。

郝桂寶、字秋卿、又字叢香。皖江人。乾隆五十八年、癸丑、生。嘉慶十五年、庚午、十八歲、小南雲主人、停雲居士、聽竹道人、皆有贈詩。善圍棋、能畫蘭。在北京隸四喜部。工花旦。

聽春新詠：秋卿演盤殿、四門、烤火、番兒諸劇、幷臻妙品。又、秋卿善手談、近又學畫墨蘭、寓八角琉璃井、室名金粟仙館。

許茂林字竹香。皖江人。嘉慶元年丙辰生。十五年庚午、十五歲。爲名旦蘇州張蓮舫弟子、石林野史贈七古一首。隸北京和春部。習崑曲工小旦。

聽春新詠：嘗見竹香圓會、樓會二劇、一寫風情、一摹病態、各極其妙。後知爲張蓮舫所授、瓣香一縷、直接吳門、宜有是金科玉律也。

殷采芝字眉卿、一字翠珠。安慶人。生卒未詳。嘉慶十一年、丙寅、隸北京和春部。道光十一年、辛卯、至十四年、甲午、與檀天祿同掌春臺部。工花旦。

聽春新詠殷采芝、初名翠珠。

辛壬癸甲錄檀天祿與殷采芝、掌春臺班。

外史氏曰：聽春新詠、殷采芝作蘇州人。茲據道光七年、丁亥、及十一年、辛卯兩次重修安慶義園碑記題名、定爲安慶人。

李綠菱、一作綠林、字綺琴。安徽人。生卒未詳。嘉慶十一年、丙寅至十五年、庚午、隸北京春臺部。工花旦。

衆香國綺琴演盜令殺舟、有情有景、繪影繪聲。至思凡、佳期諸齣、皆能於常中見奇、動人心目。髫齡擅此絕技、得天者優也。

劉松林、安徽人。生卒未詳。嘉慶十五年、庚午、隸北京春臺部。工花旦。

楊松林、字定仙。安徽人。生卒未詳。嘉慶十五年、庚午、隸北京和春部。工花旦。

李巧林、字雲軒。安徽人。生卒未詳。嘉慶十五年、庚午、隸北京和春部。工花旦。

吳壽林、字楚雲。安徽人。生卒未詳。嘉慶十五年、庚午、隸北京三和部。工花旦。

傅綺齡、字瑞生。安徽人。生卒未詳。嘉慶十五年、庚午、隸北京四喜部。工花旦。

張譜生、字秉蘅。安徽人。生卒未詳。嘉慶十五年、庚午、隸北京三和部。工花旦。

外史氏曰：以上六人、皆見聽春新詠。

王添喜、一名天喜、字倚雲、亦作綺雲。安慶人。生卒未詳。嘉慶十五年、庚午、芳草詞人贈詩二首。隸北京和春部。工小旦。

聽春新詠：倚雲昔與蔣韻蘭同隸和春部、并極一時之秀。時維五載、碩果僅存、曲藝之精、俯視流輩。

衆香國：王天喜字倚雲、人呼小天喜、別乎程天喜而言也。演反誑、戲鳳諸齣。

外史氏曰：聽春新詠、添喜、揚州人。今依道光七年、丁亥、重修安慶義園碑記題名、定爲安慶人。

鄭三元、字第仙、安慶人。生卒未詳。嘉慶十五年、庚午、林香居士贈詩二首。隸北京和春部。工花旦。

聽春新詠：三元昔與四美齊名、而藝尤較勝、顧功成者退、善刀而藏、久矣。近與林香居士、見其縫衣一齣、鈎心鬬角、活潑玲瓏、神妙不可言喻。

衆香國：第仙登場、顧影自憐、有弱不勝衣之態、與蔡蓮舫工力悉敵。

羅霞林、字眉生。安徽人。生卒未詳。嘉慶九年、甲子、入京師、隸金玉部。十五年、庚午、石香舊史、小頑山人、皆有贈詩。先隸金玉部、繼入三多部。工花旦。

聽春新詠：眉生所演諸劇、皆能以嬉笑成文章。甲子入都、與其師宋玉林同隸金玉部、而眉生聲價尤隆。

李喜貴、號雲舫、又號雲卿。安徽、灊山縣人。生卒未詳。嘉慶二十四年、己卯、藝香居士贈詞一闋。在北京所部未詳。工花旦。

鶯花小譜：喜貴善天魔舞。

徐桂林、字聽香、又名小郄。安慶懷寧縣、石牌鎮人。嘉慶十五年、庚午、生。道光三年、癸未十四歲入都。六年、丙戌、十七歲、冬十月、張亨甫贈七古一首、曰徐郎曲。八年、戊子、十九歲、秋七月、歸里。既而向吳中取婦、再來京師。初在北京隸三慶部。工花旦。

金臺殘淚記：徐聽香、余友某大令易之曰小郄、故小郄之稱、藉甚。小郄既負絕代之姿、又善應對、進止容儀、如佳公子。年十四歲來都下、越五年、十九歲矣、擁萬金以歸、蓋戊子、秋七月也。其家在安慶灊山望江之間、地曰十牌。又丙戌冬、居都下、十月、見小郄於龍泉寺、始漸習、作徐郎曲、頗傳於人。

外史氏曰：某大令余疑爲姚石甫先生。張亨甫徐郎曲云「江南腸斷老姚合、」此正指石甫也。按石甫道光五年乙酉、方以龍溪縣任事革職、又以獲盜功入都引見。其東溟文後集、張亨甫傳云：「亨甫取一時名優爲之傳、著論一篇、名曰金臺殘淚記、筆力高古。六年、余至京師、從游者久之。」是石甫幷不諱之也。時石甫年四十二歲、十牌乃石牌之誤、今正之。

丁年玉筍志：聽香前既脫籍、向吳中娶婦、婦翁黃姓、故嘉應人、寄居姑蘇者也。既成禮、挈婦復來京師、自署所居室曰、雲仍書屋、意將自別於樂籍中人。

陳長春字紉香。安徽、十牌人。（十仍爲石之誤字。）生卒未詳。道光六年、丙戌、隸北京春臺部。工花旦。

金臺殘淚記：紉香聲技獨絕，善朱殿撰朵山。春臺部著名首紉香，又紉香、梅卿、亦皆習崑曲，聲容甚佳。

周小鳳，字竹香。安慶石牌人。生卒未詳。道光三年，癸未，名列燕臺畫品。六年，丙戌，隸春臺部。工小旦。

金臺殘淚記、小鳳有傳。

長安看花記：小鳳字竹香，雅擅時名，夏秋芙天喜其弟子也。

燕臺集豔，有題周小鳳詞一首。

丁春喜，字梅卿，又號小蓉。安慶人。嘉慶十四年，己巳，生。道光三年，癸未，名列燕臺靜品。道光八年，戊子，二十歲，隸北京四喜部。工小旦。

金臺殘淚記：梅卿以善歌聞。初四喜部諸老曲師，既去爲集芳部，欲致梅卿，梅卿弗顧也。四喜部驟衰，始漸變崑曲，習秦弋諸聲，梅卿弗顧也。

四喜部駸盛、則盡變崑曲、習秦弋諸聲、梅卿弗顧也。

燕臺集豔：梅卿又號小蓉、安慶人。有題靜品丁春喜詞一首。

長安看花記：春喜、皖人、與吳伶錢眉仙齊名。

吳蕙蘭、字碧湘、安慶石牌人。嘉慶十四年、己巳、生。道光六年、丙戌、秋、卒年十八歲。七年、丁亥、春葬於北京安徽義塚。在北京所部未詳。工花旦。

金臺殘淚記：碧湘開口合伎、情態獨絕、故以震動一時。死年十八。丙戌、秋也。明年、葬都下安徽義塚之旁。又某某既作吳伶傳、余爲詩、某某官吾鄉有神君之稱、失大吏意。被揭去官、奉旨始准納鍰、以此羈都下也。值西陲用兵、南河方堵、感激牢落而徵歌。余贈詩云：「十年空意障黃河、萬里猶思荷鐵戈、散盡田河諸子弟、江湖夢得獨悲歌。」外史氏曰：余疑某某、又卽指石甫先生也。按石甫年譜、道光六年、丙戌、四十二歲、至京、引見、奉旨降二級調用、遵例捐復原官。與金臺殘淚記所記正合。惜吳伶傳中復堂全集不載、蓋後人編訂時刪之、恐被閑情之累也。

汪雙林、字霞林。安慶人。生卒未詳。道光三年、癸未、名列燕臺素品。隸三慶部。工小旦。

金臺殘淚記、有傳。

燕臺集豔、有題素品汪雙林詞一首。

汪三林、字秋白、又號妙雲。安慶人。生卒未詳。道光三年、癸未、名列燕臺殊品。隸四喜部。工小旦。

金臺殘淚記、著錄。

燕臺集豔、殊品、四喜部汪三林、又號妙雲。有題詞一首。

辛壬癸甲錄：三林、爲潘巧書弟子、擅時名。

楊玉環、字韻珊。安慶人。生卒未詳。道光三年、癸未、名列燕臺選品。隸春臺部。工花旦。

金臺殘淚記：汪雙林、汪三林、楊玉環三人、皆癸未甲申間、以聲伎著者。

燕臺集豔：選品、楊韻珊、年紀小、性氣剛。有題詞一首。

全髮、如意二伶、皆失其姓氏。皆安慶人。生卒未詳。道光二年、壬午、皆在福州、隸大吉陞部。皆工花旦。

金臺殘淚記：辛巳、壬午、在會城見大吉陞部全髮、如意、安慶人。

金秀齡、安慶人。生卒未詳。道光三年、癸未、在福州、隸大吉陞部。工花旦。

金臺殘淚記：壬午次年、見大吉陞金秀齡、又絕一時。

王小慶、字情雲、又號雲卿。安慶人。生卒未詳。道光三年、癸未、名列燕臺靈品。

隸春臺部。工花旦。

金臺殘淚記：王小慶傳、情雲家本皖水，歲在癸甲、絕豔飆馳、運厄辰巳、芳齡溘逝。前此蘭譜之書、梨園之論、皆謂一人而已。惜余未見。

燕臺集豔：第一靈品王小慶。題詞一首。

汪鴻保、號賓秋。安慶人。生卒未詳。道光三年、癸未、名列燕臺生品。隸三慶部。工小旦。

燕臺集豔：鴻保天生聰俊。題詞一首。

汪玉蘭、號灃香。安慶人。生卒未詳。道光三年、癸未、名列燕臺異品。隸三慶部。工花旦。

燕臺集豔、有題異品汪玉蘭詞一首。

鄭小翠、號鳳卿。安慶人。生卒未詳。道光三年、癸未、名列燕臺名品。隸春臺部。

工正旦。

燕臺集豔、有題名品鄭小翠詞一首。

楊金喜字念農。安慶人。生卒未詳。道光三年、癸未、名列燕臺情品。隸春臺部。

工花旦。

燕臺集豔情品、楊金喜、風流蘊藉。有題詞一首。

宋全寶字碧雲、一作碧筠。安慶、太湖縣人。生卒未詳。道光二十二年、壬寅、隸北京三慶部。工小旦。

辛壬癸甲錄：碧雲在嘉慶間、早擅清名、胸次灑落。有余老四者、乾隆五十五年、三慶徽入都祝釐時、即主其班事、弟子頗多、惟碧雲有翛然出塵之致。碧雲在三慶、乃如匡廬獨秀。

邱三林、字浣霞。皖人。生卒未詳。初入西班、後乃歸徽班。道光二十二年、壬寅、隸北京三慶部。工花旦。

辛壬癸甲錄：浣霞盧祿馭弟子、色藝雙絕、傾動都人、浣霞與安次香爲莫逆交。祿馭與宋全寶嘗戲言梨園中文獻、近日當推次香、嘉慶以還、舊聞軼事、能言之如貫珠。浣霞與游久、耳目濡染、亦能多所記憶。部中諸父老談往事、往往呼浣霞印證之、輒就所聞條舉以對。

檀天祿、字蘭卿。安徽望江人。或云默齋教授之孫。生卒未詳。道光二十三四年間、與殷采芝、陳四同掌春臺班事。工花旦。

丁年玉筍志：天祿少負盛名。

外史氏曰：帝城花樣：有檀天祿傳。按默齋先生、名萃、嘉道時以學術名於世。

辛壬癸甲錄：檀天祿有女名芙蓉、明慧豔治、有長安麗人之目、嫁名小生潘冠卿玉香。

檀順林、字硯香、亦作豔香。安徽、望江縣人。生卒未詳。幼隨父入都。道光元年、辛巳、隸三慶部。工花旦。

辛壬癸甲錄、順林附見檀天祿傳內。

王長桂、一作常桂、又作長貴、字蕊仙、又曰藥卿。安慶人。生卒未詳。道光壬癸間、北京菊榜第二。隸春臺部。工花旦。

帝城花樣及辛壬癸甲錄、有長桂小傳。

懷芳記：王長貴、字藥卿、皖人。風貌流宕、齒牙俊快。十四五、扮花旦傾動一時。三十後、結束登場、丰姿如故、演進府、趕廟等戲。

大五福、不詳姓氏、字疇先。皖人。生卒未詳。道光壬辰癸巳間、在直隸保定府、隸長慶部。擅崑曲。工小旦。

辛壬癸甲錄：疇先居保定凡十五年，溫潤如陳玉琴，瀟灑如楊法齡，天半朱霞、雲中白鶴，有超然出塵之致。

陳鳳翎，已見生譜。道光十五年乙未，隸北京三慶部，工花旦。

長安看花記：鸞仙菊部中推絃索好手，演花大漢別妻，彈四條絃子，唱五更轉曲，歌喉與琵琶聲相答。鸞仙齒牙喉舌，妙出天然，媚而不纖，脆而不激，圓轉瀏亮，如珠走盤，真覺遏雲繞梁之音，今猶未歇，非他人所能及。丰儀朗澈，言笑俊爽。

懷芳記：鸞仙扮戲則得意緣、玉玲瓏之類。齒既長，改習小生。

陳玉琴，字小雲，皖人，生卒未詳。宋碧雲弟子。道光十五年乙未，隸北京三慶部，工小旦。

長安看花記：小雲工玉簪記、茶敘、問病，演來慧心四映。

黄聯貴、字小蟾。安慶、太湖縣人。嘉慶二十五年、庚辰、生。道光十四年、甲午、十五歲出師、師卽陳紉香。十五年、乙未、十六歲、秋、赴江西。十七年、丁酉、十八歲、春、復入京、隸春臺部。工花旦。

長安看花記：小蟾生庚辰、性伉爽、笑語甚豪。

帝城花樣：小蟾道光十四年纔十五歲、出師。

懷芳記：小蟾、安慶太湖縣人。性伉爽、有俠伶之目、所演賣餑餑、打槓子、花鼓、頂嘴之類。

嵇永林、安慶、太湖縣人。生卒未詳。爲程長庚同科班師兄弟。道光四年、甲申、隸慶昇平部。十二年、壬辰、在北京。工旦。

梨園繫年小錄、著錄、見退菴居士所藏戲目。

魯翠雲、字霓仙。安徽人。道光十七年、丁酉、生。咸豐五年、乙卯、十九歲、在北京、所部未詳。工旦。

嚴添壽、字眉仙。安徽人。道光十八年、戊戌、生。咸豐五年、乙卯、十八歲。在北京、

所部未詳。工旦。

韓全喜、字嬾卿。安徽人。道光十八年、戊戌、生。咸豐五年、乙卯、十八歲、在北京、

所部未詳。工旦。

胡添壽、字鳳仙。安徽人。道光十八年、戊戌、生。咸豐五年、乙卯、十八歲、在北京、

所部未詳。工旦。

汪連元、字桂秋。安徽人。道光十九年、己亥、生。咸豐五年、乙卯、十七歲、在北京、

所部未詳。工旦。

張令鳳、字綺琴。安徽人。道光十九年、己亥、生。咸豐五年、乙卯、十七歲、在北京、

所部未詳。工旦。

郝小桂、字月仙、安徽人、道光二十年、庚子生、咸豐五年、乙卯、十六歲、在北京、所部未詳。工旦。

程翠玉、字羽仙。安徽人。道光二十年、庚子、生。咸豐五年、乙卯、十六歲、在北京、所部未詳。工旦。

外史氏曰：以上八人、俱見法嬰祕笈、祕笈撰於咸豐五年乙卯。

楊素蘭、皖人。光緒五年、己卯、卒於北京。所部未詳。工花旦。

懷芳錄：素蘭每一登場、神采流映、觀者靡不眩目動心、遽憂悴以殂。

劉慶、祿一名增福、字倩雲、小名龍兒。安徽、望江縣人。道光二十六年、丙午、六月、十三日、生。同治十二年、癸酉、二十八歲、習篆書、工鐵筆。隸北京四喜部。擅崑曲。工花旦。小旦。

明僮續錄：倩雲、皖人。師爲梅巧玲、負時名、授徒衆、而倩其稱首、所演唯舟配、游湖數劇、故登場少、習篆書、工鐵筆。
菊部羣英：倩雲本師楊三喜、名增福、小名龍兒。
增補菊部羣英、倩雲名列妙品。
梨園繫年小錄：崑旦劉倩雲、又名阿福、原名巧雲、號妙雲。
陳美玉、安慶人。生卒未詳。弟翠玉、咸豐初、在北京隸春臺部、工小旦。
曇波集：美玉舊有聲春臺部。黛仙遂習其藝。附見翠玉傳內。
陳翠玉、字黛仙。安慶人。道光十九年己亥生。咸豐二年、壬子、十四歲、曇波有
贈詩四首。年、乙卯、十七歲、與朱蓮芬齊名、在北京、隸春臺部。工小旦。
曇波集：黛雲六七歲讀毛詩、甫成誦、以貧故、就商。已而、隨母兄入京師。
見黛雲演折柳一齣、冷豔絶倫。
外史氏曰：法嬰祕笈、黛仙、蘇州人、今依曇波爲安慶人。

張綺雲、名金齡、一字綺人。安徽、灊山縣人。生卒未詳。初入都、隸集秀部。道光二十二年、壬寅、隸春臺部。習崑曲工小旦。

丁年玉筍志：金齡、字綺人、聲名洋溢、走馬帝城者、幾不欲作第二人位置。歌喉冠時、既見其演絮閣、賜珠二齣、乃信名下無虛。近日雛鶯乳燕、呢喃學語、細聲窈杳、裁如游絲、氣息僅屬、幾似龍賓十二、同翔應對時、三絃不敢促柱。淒淒咽咽、惟笛笙聲。雖有師曠之聰、不能辨其五音六律。周郎顧曲、但喚奈何而已。綺人一出、爲獅子吼、證聲聞果、高視闊步、踔厲發揚、其意氣固足以陵轢一世。及其發聲、乃如項王喑嗚叱咤、千人皆廢、真可充滿天地、俯視餘子。

懷芳記：倚雲舅爲三慶部之阿金、度曲名手。胡法慶弟子。法慶不解度崑曲、倚雲乃獨工。又、倚雲擅場二十餘年、聲名最高。

外史氏曰：懷芳記、倚雲、蘇州人。今依咸豐七年、丁巳、重修瀞山義園碑記題名、定爲瀞山人。

陳芷香、名全元。安徽人。咸豐六年、丙辰、五月、四日、生。同治十三年、癸酉、在北京隸春臺部。工正旦。

菊部羣英：全元戲有彩樓配、探窰、戰太平等劇。

汪桂芬、已見生譜。兼工老旦。

舊劇叢譚：老旦著名者、有周老旦、蘇老旦、然皆不及汪桂芬。汪本學老旦、後改鬚生、間亦演老旦。其唱不用堂音、與鬚生迥別、而韻味深遠、有餘音繞梁之致、絕非他人所能。

余紫雲、名金樑、譜名科榮、又名培壽、字硯芬、小名昭兒。原籍安徽、瀞山縣人。咸豐五年、乙卯、七月、七日、生。光緒二十五年、己亥、卒、年四十五歲。父三勝。

妻沈氏。子叔岩。師梅巧玲。同治九年、庚午、十五歲、隸北京四喜部。擅崑曲。蹻工獨絕。工花旦、小旦、正旦。

評花新譜：余紫雲、淮陰人。年十五、隸四喜部、擅琵琶。其演四絃秋也、翠銷紅泣、韻自情來、正不徒江上餘音、青衫淚濕。

菊部羣英：紫雲隸四喜部、唱崑曲、兼青衫、善彈琵琶。戲有湖船、琵琶行、麵缸、別妻、貪歡報、巧姻緣、虹霓關、閨房樂、真富貴、搖會、盤絲洞、戲鳳、荷珠配、彩樓配、探窰、同龍閣、趕三關、金水橋、敎子、祭江、二進宮、蘆花河、宇宙瘋、梅玉配、乘龍會、翠屏山。

擷華小錄：能品、余硯芬、音調諧潤、清脆如新炙簧。演祭江、敎子、戰蒲關諸劇、聲情激越、節奏哀婉、抑揚抗墜、曲盡其妙。

梨園舊話：余伶先演花旦劇、後演青衫、嗓音柔脆、玉潤珠圓、其唱工固臻妙境。不專屬青衫之劇、如戲鳳之李鳳姐、虹霓關之丫環、姿態橫生、惟妙惟肖、雙蹻弓樣、而身材絕不嫌高、臺步精工、一時無兩。

鞠部叢譚：紫雲虹霓關之丫環、本爲乳娘、服青褶子、爲青衫正工戲。至紫雲乃改花衫。每紫雲演此劇時、則京中旦角無不往觀者、其繞場所走步、非他人所能及、故人爭師法也。

京劇二百年歷史：時小福之青衣、以典雅勝、田秋桐之花旦、以流利勝、然紫雲兼此二人之長。紫雲爲今日王瑤卿、梅蘭芳之先驅者、兼青衣花衫之特長、而完成一種優美之旦角。

鞠譚餘瀋：紫雲蹻工極佳、花衫戲如戲鳳、正旦如玉堂春、祭塔、每演必有蹻。己亥二月、湖廣會館丙戌團拜、豔芬是日演玉堂春、躧蹻而出、豐容盛鬋、年逾四十、扮相猶姸媚無倫、唱亦淸脆動聽。跪唱大段、起立後、以手揉膝、種種姿態、下場時故以蓮趾微舒、姍姍步入。

外史氏曰：余聞之老友溥西園先生云、紫雲歿時、已近六十歲矣。茲依菊部羣英、謂乙卯生也。

汪小慶、字曼仙。皖人。生卒未詳。同治十二年、癸酉、在北京、所部未詳。工花旦。明僮續錄、著錄。

陳五兒、名連珍、字佩芳、又名慶芳。安徽人。咸豐五年、乙卯、正月、二十二日、生。兄連元、同治十二年、癸酉、在北京、隸春臺部。工武旦。菊部羣英：五兒演戲有賣藝、清風嶺、無底洞、泗洲城、青石山、金山寺、奇女福、鎖雲囊、紅桃山、殷家堡、四杰村、飛叉陣。

陳全元、字芷香。安慶人。嘉慶二十四年、甲辰、五月、初四日、生。同治十二年、癸酉、在北京、隸春臺部。工正旦。

菊部羣英：芷香演戲、有彩樓配、探窰、戰太平。

李福壽、名小韻。安徽人。生卒未詳。同治十二年、癸酉、在北京、所部未詳。工正旦。

菊部羣英：小韻唱青衫、壬申重新出。

楊桂慶、又名恆源、號丹叔、字我卿、行三。安徽、廬州府、合肥縣人。生卒未詳。毋閻氏宛北人。子二、貴雲、德雲。同治十二年、癸酉、在北京。前隸四喜部、工武旦。

菊部羣英、著錄。

梨園繫年小錄、桂慶附見楊桂雲傳內。

京劇二百年歷史：楊三、安徽人、四喜班、武旦、藝兼崑亂、楊桂雲之父也。

原書三誤作二。

楊貴雲、一作桂雲、又名榮樹、亦名得財、字朵仙、號蓮芬、又字幼卿。安徽、廬州、合肥縣人。咸豐十一年、辛酉、生。民國三年、甲寅、卒。年五十四歲。父桂慶。弟德雲。妻曹氏、卽青衣曹玉慶之姊。子二、楙麟、毓麟。女一、適王瑤卿。同治十一年、壬申、十二歲、在北京、出臺。十二年、癸酉、隸四喜部。工花旦。

菊部羣英：朵仙姓閻、演戲有扛子、打竈、賣餑餑、入府、麵缸、搖會、女店、闖山、查關、燒靈、荷珠配、鐵弓緣、打刀、嫖院、背磚、背櫈、上墳。

評花新譜：朵仙年十四、隸春臺、四喜二部。每當結束登場、微一簾揭、歡聲雷動。

菊臺集秀：桂雲、戲有十二紅、殺皮、烏龍院、翠屏山、探親、紅鸞禧、梅玉配、下河南、打刀、虹霓關、雙釘記、樊江關、燒靈、英傑烈、破洪州、貪歡報、盤絲洞。

余玉琴、名潤卿、字蘭芬、號紅霞、小名莊兒。安慶、灊山縣人。同治六年、丁卯、十二月、十六日、生。八歲、從父於蘇杭學武旦、繼投名旦夏天喜爲師。光緒十年、甲申、十八歲、在上海搭班。十二年、丙戌、二十歲、入都隸四喜部。十七年、辛卯、二十五歲、隸昇平署、內廷供奉。後掌福壽班。民國二十八年、己卯、七月、八日卒。年七十三歲。工花旦武旦。

粉墨叢譚：甲申六月、玉琴初至申江、於丹桂戲園演畫春園、白水灘、泗洲城。尤工跑馬賣藝、鶯梢燕舞、錦簇花團、燈下觀之、幾令人神搖目眩。及扮海潮珠之崔杼妻、鐵弓緣之梁夫人、冶態欺花、真優孟之全材也。

菊臺集秀：余潤仙、戲有烏龍院、迷人館、火棍、飛叉陣等劇。

京劇二百年歷史：光緒十二年、潤仙始入北京、隸四喜班。十五年、創福壽班。十九年、又創小福壽班。二十三年、建廣興園。內廷供奉、最蒙光緒帝之寵。義和團事起、避亂滬粵、亂平、往河南迎駕、歸京後、聖眷益隆。宣統三年、創丹桂園。性至孝、有人望。

昇平署志略外學民籍年表：余莊兒、旦、二十二歲、於五月二十一日、交進。原書余誤作于。

梨園繫年小錄：玉琴父順成。母楊氏。兄春芳。玉琴從天喜習花旦、兼刀馬、有鳳凰之目。光緒八年、在上海搭班。十一年、十九歲、時小福領文田三東承四喜班、經姚增祿邀其入都、隸四喜。旋出臺廣和樓。第一日、與譚鑫培演翠屏山、大軸子泗洲城。第二日、演四杰村、及醉酒。第三日、同時小福演頭二本虹霓關。二十年、掌福壽班甚久、挑連臺戲如兒女英雄傳、十粒金丹、蕩寇志、粉粧樓等戲。民國元年、與田際雲、楊桂雲等、組織正樂育化會。子二人、小琴、幼琴、皆演武生。

周長順、即周五、外號周老旦。安徽人。同治七年、戊辰、生。光緒三十三年、丁未、正月、十七日卒、年四十九歲。光緒二十八年、壬寅、四十四歲、在北京福壽班。六月、十一日、隸昇平署、內廷供奉。工老旦。

京劇二百年歷史：周老旦、光緒中葉人、音雖寬泛、而少韻味、恪守規律。

昇平署志略、外學民籍年表、及梨園供奉年表著錄。

楊小朵、名楙麟、字孝亭、號佩芬、又號棣儂、行二、小名禿老、昇平署册名得福。安徽、廬州、合肥縣人。光緒七年、辛巳、二月、二十日、生。民國十二年、癸亥、卒。年四十二歲。父桂雲。妻朱氏、即朱蓮芬次女。繼配姜氏、即姜雙喜長女、妙香之姊。子三、寶忠、寶義、寶祥。光緒十八年、壬辰、十二歲、名列北京菊榜第二。二十一年、乙未、十五歲、名列情天外史續册、憨品有詩一首。二十八年、六月、二十二歲、在玉成班。是月、十一日、隸昇平署、內廷供奉。初隸四喜部。

工花旦。

菊臺集秀：小朵、花旦、四喜部、壬辰花榜第二。戲有雙沙河、鐵弓緣、樊江關、趕三關。

情天外史續册：小朵、十五歲、兼善胡琴。尤妙鐵弓緣一戲之端茶小丑。

昇平署志略外學民籍年表、著錄。

梨園繫年小錄：小朵於民國五年、丙辰、三十四歲。四月、十六日、在天樂園與榮蝶仙同演樊江關、二人比劍一場因誤將頭面綢子挑落、遂由是日輟演。

外史氏曰：相傳梨園慣例、凡伶人之剁綢子者、示其終身不復操故業矣。所謂剁綢子者、蓋將扮戲頭面綢子、當衆剁之。剁之非必使利刃斷碎、不過手器示意耳。今小朵因挑綢而輟演、殆猶遵此遺規歟。

皖優譜卷四

天柱外史氏撰

淨譜

外史氏曰：淨色之名、余以爲卽禁字或體、考四夷散樂、北方曰禁、孝經鈎命決：「北夷之樂曰禁、持盾助時藏。」白虎通德論亦云：「言萬物禁藏、持干舞、助時藏也。」字亦作僸、已見生譜敍、劉公輿太常觀四裔樂賦、夏英公辭奉使表。凡塗面不現本色、抑或卽象徵時藏之意歟。王國維古劇脚色考：「疑淨卽參軍之促音、（漢唐有參軍戲、亦若脚色之名稱）參與淨爲雙聲、軍與丑爲疊韻、參軍之爲淨、猶勃提之爲披、邾婁之爲鄒也。」不知參軍之爲淨、陶宗儀輟耕錄、于愼行穀山筆塵、皇甫庸近峰聞略、徐渭南詞敍錄、原皆主此說、非王氏所創獲、何庸疑之。他若太和正音譜：「粉白黛綠、古稱靚粧、故粧靚色、今訛爲淨。」名義考：「淨、猙也。廣韻、似豹、一角五尾。又云、似狐有翼。」莊嶽委談：「塗汙不潔、而命以淨也。」庶爲讕言、又不足識焉。至於淨之塗面勾臉、近人關於臉譜之考溯、其書夥矣詳矣。但究其緣起、或謂原於漢之象人、漢書禮樂志：「朝賀置酒爲樂、有常從象人四人、秦倡象人員三人。」孟康註曰：「象人、若今戲蝦魚獅子也。」韋昭註曰：「著假面者也。」或謂原於象庾亮、隋書音樂志：「禮畢者、出於晉太尉庾亮家、亮卒後、其伎追思亮、因假爲其面、執翳以舞、象其容、取其謚、謂文康樂。」解見文獻通考樂制俗樂：禮畢者、於樂終奏之。或謂原於北齊蘭陵王之著假面、舊唐書音樂志：「代面出於北齊、北齊蘭陵王長恭才武而面美、常著假面以對敵。」此皆原於假面之說也。按假面用於戲劇、在隋時顯已盛行。見薛道衡和許給事善心戲場嘩韻詩所謂「假面飾金銀」是可徵也。　或謂起於後周士人姓蘇、鮑鼻、當時演劇者、肖其貌、通作赤面、並見樂府雜錄教坊記王國維舉溫庭筠乾𦠆子、載陸象先爲馮翊太守時、舞人固有塗面之事。新五代史伶官傳、後唐莊宗自傅粉墨、稱李天下、宋史姦臣傳、蔡攸侍宴、塗抹青紅、雜倡優侏儒、爲塗面之證。近見說文月刊・衛聚賢君・戲劇中角色淨丑生旦的起源・丑條・引莊子徐無鬼「郢人慢其鼻端若蠅翼」。注慢猶塗也」。謂從形狀上考・事實上考・恰如丑角身分。認爲是丑之起源。此解雖於莊生之說不合・而古有塗面・却是一證。　然余考之周禮「方相氏黃金四目、玄衣朱裳、執戈揚盾、可畏怖」論語鄉人儺、朱熹註周禮方相氏掌儺、古禮近於戲」故後世沿其遺風凡朝野設儺、莫不戴面具或朱墨塗面、追逐跳舞也。漢時卒歲大儺、毆除羣厲方相秉鉞、巫覡操茢、假子萬童丹首玄製、見張衡東京賦。晉時十二月、村民打細腰鼓、戴胡公頭。又孫興公嘗著戲頭、與逐除人共至桓宣武家、見荊楚歲時記。唐時、驅儺用方相氏四人、戴冠及面具、黃金爲四目、見樂府雜錄。宋時、儺儀、諸班直戴假面。又駕登寶津樓、有面塗青綠、戴面具金睛。又有以粉塗身、金睛四目。又有以黃白粉塗面、謂之抹蹌。見孟元老東京夢華錄。明時、鄉人以朱墨塗面、跳舞於市、行古儺禮、見萬曆嘉興府志。此實塗面勾臉之濫觴、蓋由來遠矣。固不僅出於長恭之代面、亞子之粉墨也。茲謹依現時戲劇角色名目、分爲三類、曰淨、曰副淨、曰武淨。蓋副淨今已爲架子二花、非丑角矣。其紅淨、則皮黃劇中已爲老生戲、故不具焉。

曹福林、字春山、安徽懷寧縣人。兼工淨。

已見生譜。

夏奎章、安徽懷寧縣人。兼工淨。

已見生譜。

劇學月刊近百年崑曲大淨、夏奎章。

袁大奎、外號袁禿子。安徽人。道光元年、辛巳、生光緒十一年、乙酉、二月、初八日、卒年六十五歲。光緒九年、癸未、四月、二日、隸昇平署、內廷供奉。工淨。

昇平署志略：外學民籍年表、及梨園供奉表皆著錄。

余四勝、安徽灊山縣人。生卒未詳。兄三勝。在北京隸春臺部。工副淨。

京劇二百年歷史：三勝弟四勝、業副淨。

劇學月刊讀伶瑣記：于四勝、安徽石埭人、此仍爲石牌之誤、而又誤余爲于。余善演關劇。

余順成、號趾安、名德海、外號大海。安徽、灊山縣人。生卒未詳。子二、春芳、玉琴。出身科班、隸北京四喜部。工武淨。

梨園繫年小錄、余順成附見余玉琴傳內。

余春芳、字潤華、一名起林、小名才兒、外號大畜類。安徽、灊山縣人。生卒未詳。
父順成。弟玉琴。年九歲、入四箴堂三慶科班。工武淨。
梨園繫年小錄：余起林、與陳德林、陸杏林、錢金福、李壽峰、爲同科班師兄弟。見余玉琴傳內。

李壽山、名鏡林、字仲華、小名七兒。安徽、祁門縣人。同治四年、乙丑、三月、初七日、生。子榮昇。女適尚小雲。幼與兄壽峰同出身四箴堂三慶科班。初習武旦。光緒二十六年、庚子、三十六歲、隸昇平署內廷供奉。擅崑曲。工武淨。
京劇二百年歷史：李壽山、世呼大李七、向有活張飛之目。長板坡劇、在灞陵橋大喝一聲、驚天動地、聞者披靡。又能演武生劇、如飛叉陣馬援、有十餘場把子、始終不懈、亦傑構也。又崑曲擅場、奇雙會之崑生、風箏誤之彩旦、均絕佳。

李福山、字叔華、號壽安、小名摸兒。安徽、祁門縣人。同治九年、庚午、生。爲壽山之弟。宣統三年、辛亥、二十九歲、隸昇平署、觔斗、內廷供奉。工武淨。

昇平署志略：外學民籍年表、又梨園供奉表皆著錄。

方寶奎、安徽、合肥縣人。生卒未詳。父秉忠、爲名笛師。弟寶泉。出身科班。在北京所部未詳。工武淨。

梨園繫年小錄、寶奎附見方秉忠傳內。

皖優譜卷五

天柱外史氏撰

丑譜

外史氏曰：元以前戲曲中角色、無丑之名、丑、即副淨也。至元曲有丑。與今戲同。陳州糶米丑扮楊金衙、又二丑扮二斗子、是同場有三丑、蓋已與副淨分行矣。而王國維疑係明人羼入乃謂：「丑或由五花爨弄出、輟耕錄院本又謂之五花爨弄。或曰宋徽宗見爨國來朝、衣裝鞋履巾裹、傅粉墨、舉動皆如此。使人效之、以爲戲。爨與丑本雙聲字、又爨字筆畫甚繁、故省作丑、亦意中事。其傅粉墨一事、亦恰與丑合、則此色亦宋世之遺。」此王氏想像推測之談、要未足爲典要、緣粉墨不獨施之於丑也。在王氏前、焦循劇說：「都城紀勝雜扮、或云雜旺、又名鈕元子、拔和、乃雜劇之散段、多是借山東河北村人、以資笑。今之打和鼓、燃梢子、散耍、皆是也。今之丑、蓋鈕元子之省文。」又南詞敘錄：「丑以粉塗面、其形甚醜、今省文作丑。」名義考：「丑、狃也。廣韻：犬性驕。」亦皆不免傅會、與王氏之言等爾。余嘗依舊籍考之、則以爲丑乃古俳優滑稽之侏儒者是也。侏儒音促讀之、即丑。亦猶邾婁之爲鄒、不律之爲筆也。樂記：「優倡侏儒、獶雜子女。」王制註：「侏儒短人、能爲俳優。」後漢書張升傳註：「侏儒短人、可戲弄也。」此可證侏儒之爲丑、即其形態及所職、蓋無不合。上世秦漢以來、帝王常蓄之、以資笑樂。劉向列女傳：「夏桀求倡優侏儒、狎徒、爲奇偉之戲。」孔子家語：「齊奏宮中之樂、俳優侏儒、戲於前。」史記：『優旃者、秦倡侏儒也。』侏字亦作朱、左傳襄四：「朱儒是使。」漢書東方朔傳：「朱儒長不三尺、臣長九尺餘、朱儒飽欲死、臣朔飢欲死。」此可證侏儒實優倡也。又作朱離。周禮：「四夷之樂、西方曰朱離。」又作株離、孝經鉤命決：「西夷之樂曰株離、持鉞舞、助時殺。」又作兜離、已見生譜敍中。蔡邕短人賦：「侏儒短人、僬僥之後、出自域外、戎狄別種。」國語魯語僬僥氏長三尺。注、西南蠻之別名。可見侏儒實西南樂人。於是則可徵生、旦、淨、丑、之名、皆裔樂之稱。其名非盡無稽、安可徒憑臆說以求之哉。茲謹依現時戲曲中角色、分爲二類、曰丑、曰武丑。其有所謂方巾丑、小花臉、三花臉者、皆丑也。又開口跳、揚州畫舫錄、謂之「跳蟲」、即武丑也。

郝三、

安慶人。乾隆時、與郝天秀同時、隸揚州春臺班、工武丑。

揚州畫舫錄：跳蟲丑中最貴者也、以頭委地、翹首跳道、及弄鎚鐧之屬、郝三其最也。後曾隨福貝子安康、征臺灣、半年而返。

曹鳳志、安徽、懷寧縣人。兼工丑。
已見生譜。
曹春山、安徽、懷寧縣人。鳳志子。心泉之父。二庚之祖。兼工丑。
已見生譜。
夏月恆、名鳴皋、安徽、懷寧縣人。生卒未詳。夏奎章之仲子。幼在北京玉成班、拜黄月山爲師、習文武老生。工武丑。
戲劇月刊伶史：月恆在北京玉成班、常與月山配戲、溪皇莊扮尹亮、八蜡廟扮黄天霸、反五關扮黄飛虎、起打精彩非常。返上海、常演開口跳、時遷偷鷄、三岔口、有名於時。後隨兩江總督端方、官都司。
曹二庚、安徽、懷寧縣人。曹心泉之子。生年未詳。幼承家學。工丑。
京劇二百年歷史、有傳。

茹富蕙、原籍安徽人。光緒三十一年、乙巳、生。錫九子、富蘭弟。富連成社科班出身。師蕭長華。民國十五年、丙寅、二十二歲、同王瑤卿至滬、隸共舞臺演戲。工丑。

京劇二百年歷史、有傳。

皖優譜卷十六

天柱外史氏撰

場面譜

外史氏曰：宋散樂、教坊分十三部、唯以雜劇爲正色。其外則有大鼓部、拍板部、琵琶色、笛色、稽琴色、杖鼓色、等名目。色有色長、部有部頭、皆伶工也。見吳自牧夢粱錄、周密武林舊事。因彼時戲劇尚未與音樂合演、原與雜劇色別行也。迨後、舞臺樂與劇合、梨園行乃別稱曰場面。按古無戲園、演戲處曰戲場。隋薛道衡集有和許善心戲場轉韻詩可考見也。故角色搬演謂之登場。其後樂工多位於場面、故云云。場面分文武場。近人陳彥衡舊劇叢譚云「武場以鼓爲領袖、小鑼、大鑼、次之。文場以胡琴爲領袖、月琴、三絃次之。胡琴帶笛子、小鈸、月琴帶大鈸、三絃帶武劇堂鼓二人。又帶鎖吶、以六人爲限、近有加一人專打大鼓、乃梆子派、非二黃舊例。」此述皮黃京調用樂之部色也。若崑腔自以笛爲領袖、鼓板、三絃、雲鑼、大鑼、鎖吶、大鐃、小鈸次之。茲略敍說於此、以見場面樂工之不可不著錄也。

鍾秀之、明弘治、正德間、壽州正陽人。寓居廬州。武宗時嘗入內廷承應。工琵琶。

四友齋叢譚：清彈琵琶、稱正陽鍾秀之。徽州查八十有厚貲、縱浪江湖、至正陽訪之、持侍生刺投謁。鍾令人語之曰「使尋常人來見、則宜稱侍生。吾聞查八十以琵琶游江湖、今日來謁、非執弟子禮、我斷不出。」查言、「吾固聞秀之名、然未見其佳。使果奇、執弟子禮未晚。」鍾取琵琶於照壁後一曲、查膝行而前、稱弟子。留處數月、盡鍾之伎而歸。

查八十、明正德、嘉靖間、徽州休寧人。鍾秀之弟子、嘗與鍾入內廷承應。嘉靖三十四年乙卯以後、流寓金陵、黄姬水、王穉登皆贈有長歌。工琵琶。

四友齋叢譚：友人王亮卿、徽州人、有俊才能詩。嘗言、『昔年入試留都、聞查八十在上河、往訪之。相期飲於伎館、欲聽其琵琶。查曰、「妓人琵琶吾一掃四絃俱絕、須攜我串用者以往。」亮卿設酒於舊院楊家、楊亦世代以琵琶名。酒半、查取琵琶彈之、有一妓女占板。甫一二段、其家有瞎媽媽最知音、連使人來言、「此官人琵琶與尋常不同、汝占板俱不是。」半曲後、使女子扶憑而出、問查來歷。查云「是鍾秀之徒弟。」此媽媽舊與秀之相處、與查相持而泣、留連不忍別。』

外史氏曰：以上二人皆清彈、見何元朗四友齋叢譚、今亦列入場面譜、蓋以其亦走江湖者也。黄淳父白下集有聽查八十彈琵琶歌、首段云、

「壽州鍾郎善琵琶、國工斂手咸咨嗟。阮朱絕藝那能續、不惜千金傳一曲。八十從師盧子城、五年技盡六彈成。抑揚按捻擅奇妙、從此人稱第一聲。今年客自郢門還、瑤枝手把來蘿闕。江湖聞名二十載、相逢兩鬢風塵斑。」按淳父於嘉靖三十四年、乙卯、因避倭難、流居金陵、此詩即此時賦。王百穀金昌集皆嘉靖甲寅乙卯時撰、有聽查八十彈琵琶長歌、蓋與淳父同時作也。中有句云、「十八盧陽遇鍾二、尋師不惜黃金錢。藝成彈向錦筵上、商哀羽裂悲青天。長安繡陌知名遍、春風夜醉芙蓉院。翠黛人人乞譜傳、朱門日日開樽讌。」考兩詩、鍾秀之實居盧州、而查之謁鍾、方十八歲、年固甚少也。

又曰：列朝詩集丁第八第九、有吳錦、（字有中、休寧人。）葉權、（字時中、休寧人。）贈查八十絕句二首、吳贈查叟詩云、「曾逐鍾生侍武皇、鵾絃扈從獵長楊。歸來兩鬢紛如雪、曲由新聲總斷腸。」葉聽查八十彈琵琶詩注云「查曾應詔教內人、如唐之賀老。晚年流落江湖、人多題贈、亦如開元之感也。」詩云「新聲不及欝輪袍、空撥皮絃挂錦絲。」皆指鍾秀之與查八十固嘗入武宗宮中供奉也。查應詔教內人、與百穀詩亦正合。

方國祥安徽合肥縣人。清嘉慶六年、辛酉生。同治十二年、癸酉九月、二十七日、卒年七十三歲。咸豐六年、丙辰、四十六歲、隸昇平署、內廷供奉。工笛。

昇平署志略外學民籍年表、著錄。

方秉忠安徽合肥縣人。咸豐六年、丙辰、十二月、初六日、子時、生。民國十六年、丁卯、舊曆三月、二十五日、卒年七十二歲。父國祥。子二、寶奎、寶泉。同治十二年、癸酉、十八歲、挑補父缺、隸昇平署、內廷供奉。工笛。

昇平署志略外學民籍年表、著錄。

梨園繫年小錄：秉忠與陳嘉樑同以崑場面、吹笛著名、在內廷供奉最久。收徒徐蘭元、趙四、李佩卿等。

程章甫名冠英、安徽、潛山縣人。生卒未詳。父長庚。子繼仙。隸三慶部。光緒九年、癸未、任三慶領班。工鼓板。

京劇二百年歷史穆辰公伶史：長庚長子名章甫、善鼓板、後爲楊月樓之鼓手。

舊劇叢譚：長庚在三慶班、以章甫司鼓、汪桂芬司琴。

近六十年故都梨園之變遷：光緒九年、報廟花名單三慶班領班、程章甫。

外史氏曰：余聞之梨園故老云、章甫爲三慶鼓師、楊月樓初自滬返都時、演劇或不免於野、章甫輒以鼓聲勒之、其規律之嚴、可以想見。

汪桂芬、安徽人。隸三慶部。兼工胡琴。

已見生譜。

梨園舊話：汪桂芬滿師後、殊偃蹇、在三慶班與程長庚司琴。

梨園軼聞：桂芬改習文場、詎胡琴入手後、指法玲瓏、彈丸脫手、竟駕乎樊三、李四之上。樊爲三慶琴師、李四爲四喜琴師、樊物故、遂一躍而隨侍長庚。

茹萊青、安徽人。兼工胡琴。

已見生譜。

京劇二百年歷史：茹來卿爲梅蘭芳琴師。見茹富蘭傳內。

楊小朵、安徽、合肥縣人。兼工胡琴。

已見旦譜。

情天外史續册：小朵十五歲、兼擅胡琴。

梨園繫年小錄：小朵輟演後、改爲其子寶忠操胡琴。

曹澐、字心泉。安徽懷寧縣人。同治三年、甲子生。民國二十七年、戊寅、卒。年七十三歲。父春山子二庚。幼承家學、習小生。擅崑曲。精音律。藏曲譜極富。清季內廷供奉、民國曾任北京禮制館樂律主任、戲劇學校教習。工月琴。

劇學月刊（第一卷、第十期、民國二十一年十月版）記中華戲劇學校：歌劇主任曹心泉、是年六十七歲、據此推之、當生於同治三年。

梨園影事：月琴名手曹心泉。

外史氏曰：民國二十年冬、余在北京、與曹君同飲於鐵硯山房鄧氏。君已老邁、而傾譚甚樂。自謂習戲雖夥、而數十年來、實未嘗登臺扮演、惟某年在肅王府、勉爲王請、充配脚一次。近據西園先生云、曹君少工小生、頗有名、嗓變後、改場面。

皖優譜

附錄一

重修安慶義園關帝廟碑記

京都崇文門外四眼井地方設立安慶義園自明迄今新舊有二處基址毗連各有限制境界無越管理之人亦有專司惟園旁關帝廟一所則同郡之公宜享祀者焉奈百十年於茲風雨飄零墻垣傾圮幾致守伺者無所憑藉而異鄉公事糾費爲難若不及時修理則神位之香燈客坟之弔祭倘有荒棄夫何忍焉爰約在京同鄉諸君子亟籌經費量力捐輸園無分乎新舊廟勿別乎公私身在異鄉情殷同郡因於道光丙戌冬月擇吉鳩工原照廟之舊規居地從新拆作卽於丁亥春日落成此項籌費未敷仍在新義園歲祭餘資帳內彌補用刻瑱石以誌顛末云爾道光七年歲次丁亥孟夏之吉安

慶新義園董事高朗亭陳孔蒸程御詮率領同善人等公立

安慶義園接買新地挑塘捐輸姓名列後

傅學士　張鑑萬　董東來　王彤萬　何奉莪　葉桐椿　李華貴

汪亮彩　何聲名　沈韻亭　韓存猶　李郁才　程騰達　郝柏祥

佘啓達　郝應蘭　潘壽康　李繼美

重新造屋修模故冢功德名目開後

領首監修程御詮　承辦高朗亭　陳孔蒸　郝可貞　殷采芝　郝

呈祥　查桐鳴　劉照達　吳正田　葉翠亭　黄翠保　盧禄馭

陳金彩　米應先　姜新盤　程殿楹　潘德達　檀汝弼　陳邦泰

董秀榮　汪瀛洲　何俊儒　檀蘭卿　郝粱臣　汪德泰　傅鴻

升　汪少霞　潘蘭亭　王炳瀛　孔容生　蘇德寬　陳詞雅　劉

潤浦　王國元　任三林　張耀林　伍任泰　楊翠英　吳廣義
徐蘭仙　甘鶴齡　李蘭亭　潘喬舒　徐月亭　蔣咏蘭　王綺雲
周小鳳　陳紉薌　張松年　韓慶元　程祥翠　馮藝仙　宋碧
筠　陳蓮卿　汪有仁　曹梅仙

安慶義園大興縣禁約

特授順天府大興縣正堂加十級紀錄十次胡爲禁約事照得本邑紳士陳孔蒸程御詮等置買焦起恆房地一所爲義塚洵屬義舉誠恐無知小民在此地起土以致骨骸暴露實爲可憫爲此示仰軍民人等知悉嗣後毋得在此地内刨土滋擾倘有不遵許管園人鳴同地總赴縣據實指名稟報以憑拿究重懲決不輕貸各宜凜遵勿違特示右仰通知道光十一年十一月日

永勒安慶同仁義園

合將各位捐輸永垂不朽芳名列左

陳邦泰捐京錢一百吊　陳孔蒸捐京錢五十吊　殷采芝捐京錢五十吊　蔣咏蘭捐京錢五十吊　王綺雲捐京錢五十吊　陳紉薌捐京錢三十吊　汪齡書捐京錢三十吊　吳正田捐京錢二十吊　傅鴻升捐京錢二十吊　何吉祥捐京錢二十吊　陳金彩捐京錢二十吊　張少騫捐京錢二十吊　程御詮捐京錢二十吊　郁致廉捐京錢二十吊　徐月亭捐京錢二十吊　盧祿馭捐京錢二十吊　潘德逵捐京錢十吊　檀汝弼捐京錢十吊　宋碧雲捐京錢十吊　甘鶴齡捐京錢十吊　孔容生捐京錢十吊　張漢雲捐京錢十吊　陳青蓮捐京錢十吊　葉漢英捐京錢十吊　張耀林捐京錢十吊　王壽仙捐京錢十吊　蘇德寬捐京錢十吊　章鳳先捐京錢十吊　陳貨

盈捐京錢十吊　李鵬交捐京錢十吊　李蘭玉捐京錢十吊　王貴喜捐京錢十吊　汪慶隆捐京錢十吊　嚴全保捐京錢十吊

灊山義園記

安慶舊有義園在崇文門外爲一郡設也其地頗隘葬幾滿今春同里陳君盛江告以族人庚鑑與周君瀛買地一區置灊山義園灊爲安慶屬邑地瘠多山民每輕去其鄉傭販自給近年故鄉兵火避地北來者尤衆奔走衣食謀生不遂往往客死無過而問者幸而官給殮具瘞之漏澤青燐白骨叢雜於荒煙蔓草間生不識爲何方之民歿不辨爲誰氏之鬼悲夫二君惻然因有是舉此誠仁人君子之用心也使天下之游斯土者皆如二君之用心將無邑不有義園俾死有所歸游魂無餒豈不足以勸將來厚風俗哉故樂爲之記賜進士出身勅授承德郎刑部湖廣司翰林院庶吉士望江倪文蔚撰

幷書大清咸豐七年歲在丁巳孟夏月穀旦立石

首事周瀛　郝學言　徐廷奎　潘潤昌　李長明　章可純　韋文波　韋文錦　周延齡　韋文繡　陳盛江　曹顯猷　余運秀　張金生　郭煥廷　余永謨　陳盛茂　嚴嘉賓　郝厚卿　張倚雲　徐紹峰　郝占林　張占鰲　郝有章　郝知禮　孟耀文　查用賓　李紹堂　郝左元　郝永昇　郝鶴年　郝恆翠　孔豔清　張新廣　余鳳元　産得元　張錦垣　陸蘭芝　金春榮　産豔倫　祝東來　徐亨英　方福林　余三勝　陳蘭初　陳庚鑑　程玉珊

外史氏曰：右金石文字三篇、載張次溪燕都梨園史料金石文字錄。灊山義園記、幷見民國重修灊山縣志、皆有關皖優之文獻也。其中題名人物、今可考者、僅十數輩、其他多不能得其履歷、誠憾事也矣。

皖優譜

附錄二

引用書目表

南詞敘錄　明徐渭撰　讀曲叢刊本
曲律　明王德驥撰　仝上
中國近世戲劇史　日本青木正兒撰王古魯譯　商務印書館本
中國風俗志　胡韞玉撰　鉛印本
陶菴夢憶　明張岱撰　說庫本
玉茗堂集　明湯顯祖撰　明刊本
亘史　明潘之恆撰　明刊本
同人集　清冒襄輯　光緒重鐫本

雲郎小史　冒廣生撰　清代燕都梨園史料本
定山堂詩集　清龔鼎孳撰　全集本
劇說　清焦循撰　讀曲叢刊本
揚州畫舫錄　清李斗撰　自然盦刊本
清稗類鈔　徐珂撰　商務印書館本
昇平署志略　王章芷撰　仝上
關隴輿中偶憶錄　清張祥河撰　清人說薈本
花部農談　清焦循撰　懷豳雜組本
燕蘭小譜　清吳長元撰　雙影梅盦本
都門雜記　清楊敬亭撰　原刊本
使楚叢譚　清王昶撰　小方壺齋輿地叢鈔本

夢華瑣簿　清楊掌生撰　清人說薈本
秦雲擷英小譜　清嚴長明撰　昭代叢書本
睹棋山莊集詞話　清謝章鋌撰　詞話叢刊本
談二黃戲　歐陽予倩撰　小說月報十七卷號外
綴白裘　清錢沛恩編　石印本
日下看花記　清小鐵篴道人撰　清人說薈本
長安看花記　清楊掌生撰　仝上
金臺殘淚記　清張際亮撰　仝上
元曲選　明臧茂循編　明刊本
顧曲雜言　明沈德符撰　野獲編本
琵琶記　明高則誠撰　六十種曲本

武林舊事　宋周密撰　知不足齋本
夢粱錄　宋吳自牧撰　仝上
名義考　明周祈撰　見劇説卷一
西廂記　元王實甫撰　暖紅室本
猥談　明祝允明撰　續説郛本
莊嶽委談　明胡應麟撰　掃葉山房少室山房筆記本
東京夢華錄　宋孟元老撰　津逮叢書本
古劇脚色考　王國維撰　曲苑本
龍舟會　明王夫之撰　船山遺書本
丹鉛錄　明楊慎撰　四川刊本
紫桃軒雜綴　明李日華撰　明刊本

清末內廷梨園供奉表　松㠉撰　劇學月刊三卷十一期
廣韻　宋重修　小學彙函本
佩文韻府　清御撰　內廷刊本
淵鑑類函　清御撰　仝上
白虎通德論　漢班固撰　漢魏叢書本
孝經鉤命決　明孫瑴編　古微書本
鐵網珊瑚錄　明朱存理撰　年氏刊本
讀伶瑣記　陳墨香撰　劇學月刊一卷一期
伶工專記　曹心泉口述　仝上
中國戲曲　日本辻聽花　鉛印本
京劇二百年歷史原名支那劇及其名優　日本波多野乾一撰鹿原學人譯　鉛

印本
越縵堂日記　清李慈銘撰　商務印書館石印本
重修灤山縣志　劉鳳梧撰　民國重修本
懷寧縣志　清江爾維等撰　道光重修本
安徽通志　清唐瑩等撰　光緒重修本
道咸五十年以來梨園繫年小錄　周明泰撰　鉛印本
異伶傳　陳劍潭撰　國粹學報本
梨園舊話　倦遊逸叟撰　清代燕都梨園史料本
舊劇叢譚　陳彥衡撰　仝上
都門蟲語　清佚名撰　清季燕都梨園史料本
松南夢影錄　清黃協塤撰　小說大觀本

梨園影事　徐慕雲撰　鉛印本

評花新詠　清藝蘭生撰　清代燕都梨園史料本

梨園軼事　清許九埜撰　仝上

鞠臺集秀　清佚名撰　仝上

楊隆壽傳　張次溪撰　仝上

鞠部羣英　清邗江小遊仙客撰　仝上

鞠部羣英續集　清麋月樓主撰　仝上

北方伶史　張繆子撰　見京劇二百年歷史

伶史　張白雲撰　戲劇月刊大東書局本

近六十年故都梨園之變遷　張次溪撰　劇學月刊三卷十二期

懷芳記　清蘿摩菴老人撰　香豔叢書本

粉墨叢譚　清夢畹生撰　仝上
近百年來皮黃劇本作家　吉水撰　劇學月刊三卷十期
東溟文後集　清姚瑩撰　中復全集本
姚石甫年譜　清姚昌濬撰　仝上
擷華小錄　清沅浦癡漁撰　清季燕都梨園史料本
瑤臺小錄　清王韜撰　仝上
杏林擷秀　清謝素聲撰　仝上
鞠部叢譚　羅癭公撰　仝上
聽春新詠　清留春閣主撰　仝上
衆香國　衆香主人撰　仝上
楊小樓之特長　張肖倉撰　戲劇月刊三卷六期

紀富連成社科班　景孤血撰　戲劇月刊三卷一期
詞餘叢話　清楊恩壽撰　詞話叢刊本
太和正音譜　明涵虚子撰　嘯餘譜本
知新錄　明王棠　見劇說卷一
精忠廟重修喜神殿碑　佚名撰　故都金石文字錄本
重修安慶義園關帝廟碑　佚名撰　仝上
灊山義園記　清倪文蔚撰　民國重修灊山縣志本
甌北集　清趙翼撰　原刊全集本
消寒新詠　清鐵橋山人撰　清代燕都梨園史料本
片羽集　清來青閣主撰　仝上
花間笑語　清天漢浮槎散人撰　仝上

鶯花小譜　清半標子撰　仝上

燕臺集豔　清播花居士撰　仝上

明僮合錄　清殿春生撰　仝上

曇波集　清四不頭陀撰　仝上

情天外史　清佚名撰　仝上

法嬰祕笈　清雙影盦撰　仝上

帝城花樣　清羣芳使者撰　香豔叢書本

辛壬癸甲錄　清楊掌生撰　清人說薈本

丁年玉筍志　仝上　仝上

穀城筆塵　明于慎行撰　明刊本

近峰聞略　明皇甫庸撰　續說郛本

輟耕錄　元陶宗儀撰　明刊本
說文通訓定聲　清朱駿聲撰　石印本
教坊記　唐崔令欽撰　古今說海本
乾䐑子　唐溫庭筠撰　說郛本
列女傳　漢劉向撰班昭註　明刊本
孔子家語　魏王肅註　局刊本
樂府雜錄　唐段安節撰　墨海金壺本
羯鼓錄　仝上　守山閣本
元刻古今雜劇三十種　王國維編　石印本
能改齋漫錄　宋吳曾撰　墨海金壺本
文選　梁昭明太子撰　汲古閣本

荆楚歲時記　梁宗懍撰　漢魏叢書本
萬曆嘉興府志　明劉應科等撰　明刊本
四友齋叢譚　明何良俊撰　紀録彙編本
歐亞紀年合表　張璜撰　排印本
國語　晉郭璞注　影宋本
鹽鐵論　漢桓寬撰　湖北局本
通雅　明方以智撰　桐城張氏刊本
客座贅語　明顧起元撰　金陵叢刊本
蔡中郎集　漢蔡邕撰　漢魏百三家集本
薛司隸集　隋薛道衡撰　仝上
列朝詩集　清錢謙益撰　風雨樓刊本

白下集　明黄姬水撰　列朝詩集本

金昌集　明王穉登撰　仝上

湖海樓集　清陳維崧撰　原刊本

淨丑生旦起源　衛聚賢撰　說文月刊一卷七期

外史氏曰：凡本譜引用之書、略注其撰者及版本如上、以明出處。而經史如十三經、二十四史、三通等書、日常習見者、則不著錄焉。